数字证券

数字证券研究报告

（2021）

DIGITAL SECURITIES
RESEARCH REPORT

安秀梅　何聪　◎主编

邢会强　戴鞾　曹元　◎副主编

中国财经出版传媒集团

经济科学出版社
Economic Science Press

编 委 会

顾 问

史建平：中央财经大学副校长，教授，博士生导师

巴曙松：北京大学汇丰金融研究院执行院长，中国宏观经济学会副会长

姚余栋：大成基金副总经理，首席经济学家

主 编

安秀梅：经济学博士，中央财经大学政信研究院院长，教授，博士生导师

何　聪：探针集团创始人、董事长

副主编

邢会强：法学博士，中央财经大学法学院教授、博士生导师

戴　韡：经济学博士，中央财经大学金融学院副教授，金融科技系系主任

曹　元：海南省区块链协会副会长

编写组成员

强　宏：北京大学客座教授、深圳市金融商会产业战略顾问、商务部中国国际经济合作学会原副秘书长

张　宁：理学博士，中央财经大学金融学院教授，中央财经大学中国金融科技研究中心主任，家族办公室合作与发展组织理事会主席兼首席经济学家

赵大伟：经济学博士，中国人民银行金融研究所副研究员

张亚飞：金融学博士，英国曼彻斯特大学金融系助理教授

贾　开：管理学博士，电子科技大学公共管理学院副教授

王　东：中央财经大学法学院金融法学博士生，中央财经大学金融服务法研究中心研究人员

马洋洋：探针集团首席产品官

徐瑞慧：哲学博士，中国人民银行金融研究所副研究员

周佳娟：管理学硕士，中金支付有限公司战略发展部战略研究负责人

刘金硕：金融学硕士，中国人民银行金融研究所研究实习员

于诗琴：中央财经大学财税学院在读博士

李巍然：探针集团战略执行委员会秘书长

孙　翼：中国人民大学财政金融学院金融科技硕士

肖骅宸：中央财经大学金融学院金融学硕士

研创单位简介

　　中央财经大学政信研究院（以下简称"研究院"）是国内第一家以国家治理和政信领域学术研究、决策咨询、学科培育、人才培养、社会服务、文化传承为主要职能的高校智库，是国家治理和政信领域学术研究、战略咨询、评估培训的开放性公共研究机构。

　　研究院秉持诚信、合作、包容、共赢的宗旨，致力于国家治理和政信发展创新相关的学术研究和政策咨询，为政信知识积累、行业发展、制度建设、国家治理提供智力支持。

　　研究院的目标是通过学术研究、学科培育、制度创新、战略合作等，将研究院建成具有鲜明学科特色的专业型智库，成为国家治理和政信领域发展创新的学术研究"基地"、决策咨询"思想库"、开放式交流"平台"、人才孵化"制高点"和社会服务"催化剂"，全力服务于我国国家治理体系和政信体系的理论研究、实践探索与制度创新。

编写说明

习近平总书记指出，"加快数字中国建设，就是要适应我国发展新的历史方位，全面贯彻新发展理念，以信息化培育新动能，用新动能推动新发展，以新发展创造新辉煌"①。为落实习近平总书记重要指示精神，加快推进证券行业数字化转型，以科技赋能产业发展，在探针（海南）投资有限公司的大力资助下，中央财经大学政信研究院组织业内知名专家学者，经过八个多月的潜心研究，精心编撰的我国首部《数字证券蓝皮书——数字证券研究报告（2021）》正式与大家见面了。

数字证券，是在分布式账本技术或基于分布式账本智能合约的基础上，投资者为了获得利润进行共同投资而取得的可拆分可转让的代表投资性权益的凭证。近年来，数字证券这一全新的金融创新模式已经引起全球各方的重大关切，各国政府、金融机构、投资基金都对此采取了积极的态度，并诞生出一批专注于数字证券技术、基础设施建设、发行和交易的优秀企业。以区块链技术为基础的数字证券，正在不断地催生金融领域的新物种、新模式和新业态，激发全球资本的开放性与流动性，成为金融资产自由流动的"新基建"。虽然世界各国对数字证券的监管非常严苛，但是数字证券的运行生态正在加速成长，正在成为全球金融创新的重要组成部分。

---

① 《习近平致信祝贺首届数字中国建设峰会开幕》，新华网，2018 年 4 月 22 日。

目前，我国在积极鼓励发展区块链技术的同时，对于数字证券的发行采取了严监管的态度。我们认为，数字证券是在数字经济的背景下演进并发展的，数字产业化与产业数字化是未来经济发展的必然趋势。目前，数字技术在金融领域以及证券行业中已有广泛应用，对提升用户服务体验、降低运营成本、提高证券市场整体的运行效率发挥了积极作用。当然，数字技术给证券业带来机遇的同时，也为行业发展带来了挑战。如何正面这种挑战，以科学的学术态度，务实性的研究防范和治理数字技术在证券业应用过程中可能存在的技术风险，以推动数字经济的高质量发展，是摆在我们面前的重要研究课题。

本书基于公益使命和全球视野，首先从法理上厘清数字证券的内涵和外延，进而从地缘差异与国家战略的高度分析数字证券的全球发展现状和发展脉络，在此基础上，从域内制度与国际规则两个层面研究数字证券的全球治理态势，进而提出加快推进数字证券市场科学、合规、快速发展的政策建议。

本书的创新之处在于：（1）首次系统构建和阐述了数字证券的理论框架。（2）首次从地缘差异与国家战略的高度分析寻找全球数字证券的发展之源。（3）首次从域内制度与国际规则两个层面深入探讨数字证券的全球治理问题。（4）首次将数字证券的研究纳入全球化和数字经济的大范畴中考察，有助于推动金融新经济、新业态的创新发展。（5）兼顾学术性和应用性、政策性和实践性、国内探索和国外实践的有机结合，强调相关理论和实践研究的前沿性和时效性，确保了本书的权威性。

本书是集体智慧的结晶。中央财经大学副校长、金融学教授、博士生导师史建平，北京大学汇丰金融研究院执行院长、中国宏观经济学会副会长巴曙松，大成基金副总经理、首席经济学家姚余栋三位老师作为本书的顾问从研究方向、框架结构和研究质量等方面进行了全面的指导。中央财经大学政信研究院院长、教授、博士生导师安秀梅，中央财经大学法学院教授、博士生导师邢会强，中央财经大学金融学院教授、中央财经大学中国金融科技研究中心主任、博士生导师张宁，中央财经大学金融学院副教授、金融科技系系主任戴韡，英国曼彻斯特大学金融系助理教授张亚飞，电子科技大学公共管理学院副教授贾开，中央财经大学法学院金融法学博士生、中央财经大学金融服务法研究中心王东，中金支付有限公司战略发展部战略研究负责人周佳嵋，中央财经大学财税学院在读博士于诗琴，中国人民大学财政金融学院金融科技硕士孙翼，中央财经大学金融学院金融学硕士肖骅宸等参与了本书的研究工作。中国人民银行金融研究所赵大伟副研究员、徐瑞慧副研究员、刘金硕研究实习员以学者身份完成了本书分报告二的研究工作。探针集团创始人、董事长何聪，北京大学客座教授、深圳市金融商会产业战略顾问、商务部中国国际经济合作学会原副秘书长强宏，海南省区块链协会副会长曹元，探针集团首席产品官马洋洋，探针集团战略执行委员会秘书长李巍然等对本书的研究给予了大力支持。

数字证券作为一个新兴产业，国内外关于数字证券的学术研究才刚刚开始，可资学习借鉴的研究成果不多，加之我们的理论政策和认知水平有限，书中肯定存在很多不足，恳请广大读者批评指正！

编委会
2021 年 12 月 25 日

前　言

当前数字科技正在不断推进社会发展、经济转型与产业变革，逐渐成为全球科技革命与经济多元化发展的新引擎。基于分布式账本或区块链技术为底层数据结构支撑的数字资产发行与交易，正如火如荼地在世界多个国家或地区开展，并受到越来越多的关注与重视。《数字证券蓝皮书》便是以"立数字为据"这一新型财产性凭证的形式而展开研究的最新研究成果，蓝皮书对数字证券的概念、生态、发展、治理等问题进行了全面性、体系性的梳理研究，以期为数字证券这一新业态能够在国内得到进一步关注、研究与扎根落地。

《数字证券蓝皮书》采用总报告与分报告两分的方法展开论述。总报告着重梳理研究了数字证券兴起与发展、蓝皮书研究框架、研究方法、重点创新，以及推进数字证券在我国合规发展的展望；分报告针对数字证券概念、生态、发展与治理等各项具体问题展开专门化研究。其中，总报告首先从全球视角对数字证券这一金融创新业态的兴起和演进过程进行了梳理研究，进而对数字证券的内涵进行了界定，虽然数字证券在我国尚不能成为一种被法律认可的事物，但基于学术研究的目的，总报告也对未来我国数字证券市场的合规发展进行了初步展望。总报告指出，我国数字证券的发展必须以维护金融稳定为前提，不能盲目照搬国外模式，应当从作为基础数据结构的区块链技术着手，从建设新型金融市场基础设施层面推动证券行业数字化。

分报告一基于美国法实践中的"豪威测试"标准,对数字证券作出实质界定,以数字性、投资性、共同性、风险裸露性作为判定一项数字资产是否具有证券属性。分报告一对数字证券内涵的认知和界定是蓝皮书全书开展研究的基本前提,也是各篇章遵循的研究范畴。

数字证券是在数字经济的背景下演进并发展的,数字产业化与产业数字化是未来经济发展的必然趋势。分报告二认为,数字技术在金融领域以及证券行业中已有广泛应用,有助于提升用户服务体验,降低运营成本,提高证券市场整体的运行效率。但是,数字技术给证券业带来机遇的同时,也为行业迎来的挑战。为应对数字经济发展,如何解决数字技术应用与技术风险防范是先决性问题。

数字证券生态旨在构建数字证券市场所必需的新金融生态。分报告三重点研究了数字证券的发展规模、生态、其发行和交易的机制以及在此约束下技术基础的选择所形成的应用形态。数字证券涉及发行、流通和监管三个主要部分,需要底层基础设施、发行平台以及数字资产交易所的共同参与,同时也离不开托管机构、银行、投资机构等相关主体。

发展与治理是数字证券的两大核心。分报告四用大量实证研究对数字证券的全球发展作出深入浅出的剖析,总结了不同国家或地区间发展的差异化与共性,通过借鉴域外发展经验,实现国内数字证券市场的定位以及风险预判。分报告五具体汇报了数字证券治理的三个方面:技术、组织与业态。数字证券技术层面治理应以开源治理为范本;组织层面治理要关注到平台治理与去中心化组织的治理;同时,世界各国或地区的实践均形成了明显的以监管为导向的业态治理。

《数字证券蓝皮书》同时配有案例篇与大事记篇,以增强蓝皮书的实践性,丰富数字证券研究的理论性。

目录 / CONTENTS

总报告

数字证券：数字经济基石的新未来[*]

摘　要：分布式账本与区块链技术在金融行业应用中具有天然的优势，其与证券产业结合的产物——数字证券，已得到世界多个国家与地区的关注与推动。《中华人民共和国证券法》（以下简称《证券法》）尚未将数字证券纳入调整的范围，在监管上也倾向于将数字证券发行定义为"非法金融活动"，但在发展数字经济的背景下，数字证券合规化与合法化的进程正在稳步推进之中。目前，我国发展数字证券必须要考虑的是金融稳定，对数字证券的考察更应关注的是其基础数据结构，可以将区块链技术应用到新型金融市场基础设施建设中，以优化证券发行与交易的流程，并逐步开放数字证券市场。《数字证券蓝皮书——数字证券研究报告（2021）》（以下简称《蓝皮书》）以数字证券为研究对象，基于全球视角，将数字证券的研究纳入数字经济的大范畴，对数字证券的概念、生态、发展与治理问题进行探讨，兼顾学术性和应用性、政策性和实践性。

关键词：数字证券　数字经济　数字技术　产业数字化　数字证券发展

---

　　* 总报告由中央财经大学政信研究院数字证券蓝皮书课题组撰写。框架设计：安秀梅，中央财经大学政信研究院院长，教授，博士生导师；邢会强，中央财经大学法学院教授，博士生导师。执笔人：王东，中央财经大学金融法学博士生。

产业的数字化转型已成为一股势不可挡的浪潮，以分布式账本与区块链技术为基础而推动发展出的数字证券深受各国政府的关注。作为一项舶来品，首次代币发行（ICO）曾在国内经历过一段野蛮生长的时期，并因其具有高欺诈性被视为"非法金融活动"而被严令禁止。但伴随着国际上逐步开放数字证券的趋势，对于我国如何对待数字证券应该达成两项共识——发展与监管。对于数字证券的研究，《蓝皮书》尝试将对问题的关注回归到技术本身，从区块链技术着手构建我国数字证券合规发展的新模式。

一、数字证券的兴起与发展

证券数字化是证券业发展的趋势，将成为电子证券取代纸质证券之后的又一技术革新。数字证券基于区块链或者分布式账本技术，在证券登记、交换、结算等层面具有创造性的实用价值，已得到世界各个国家越来越多的关注与重视。

区块链作为一项颠覆性技术，正在引领全球新一轮技术和产业变革，并在金融行业应用中表现出天然的优势。第一，区块链技术可以帮助金融业缓解信息不对称和信任不对称的问题。传统证券发行与交易的核心是金融中介，金融中介的一个主要功能是解决投资者和发行者之间以及投资者之间因信息不对称导致的市场崩溃，而数字证券以区块链的记账技术为核心，解决了信息的存储、流动和验证等一系列在传统证券市场无法有效解决的问题，极大地降低了发行和交易成本。第二，区块链技术可以帮助拓展金融行业的深度和广度。传统证券市场对于发行人和投资者都有较高的要求，许多拥有闲散资金的投资者一方面因为达不到投资资格无法参与到传统的金融市场，另一方面也无法找到合适的投资产品。数字证券的出现，让很多难以通过传统金融市场融资的资产（比如一些特定的大宗商品、无法抵押变现的资产、艺术珍藏品等）能够通过发行数字证券上市融资。第三，区块链技术能够简化（甚至自动化）冗长的交易流程。证券交易的前台系统承担着撮合交易的功能，而后台系统则负责交易的清算与交收，这两个系统的流程和环节较多，因此各交易所处理交易的时间与资金成本过高。区块链技术则能够简化冗长的交易流程，实现证券发行人与投资人点对点的直接交易，减少前台和后台的交互，从而节省大量的人力和物力。第四，区块链技术能够实现系统的抗攻击性和高弹性。传统的证券市场，其全部交易的正常进行依赖于交易所的交易系统，一旦系统被攻击或出现故障，就会发生网络瘫痪并导致交易中断。区块链技术则不需要集中维护，其数据库由多分布式节点形成的点对点网络共同管理，保证了整体运作不会因部分节点失效而受到影响。

数字证券的产生与区块链发展密不可分，其产生背景暂时可分为三个阶段：

第一阶段为比特币的诞生，即区块链 1.0 时代。2008 年 11 月 1 日，一个自称中本聪（Satoshi Nakamoto）的人在 P2P foundation 网站上发布了比特币白皮书《比特币：一种点对点的电子现金系统》，陈述了他对电子货币的新设想——比特币就此面世。2009 年 1 月 3 日，比特币创世区块诞生。比特币利用分布式网络、加密技术这两个技术基础，开启了区块链技术推动的全球性金融实践。

第二阶段为以太坊的诞生，即区块链 2.0 时代。比特币开创了去中心化加密数字币的先河，通过五年多的时间，充分检验了区块链技术的可行性和安全性。然而比特币并非完美，其最大的一项缺陷就是协议的扩展性不足，不宜构建更加复杂和高级的应用。以太坊创始人（Vitalik Buterin）受比特币的启发，引入了"智能合约"这一概念，于 2013 年末发布了以太坊初版白皮书，启动了大意为"下一代加密数字币与去中心化应用平台"

的以太坊项目。以太坊作为基础平台去帮助其他加密数字币发行成为可能，使新的加密数字币发行的时间、经济成本、技术成本被大大降低，并由此引发了 2017 年数字币热潮。

第三阶段为稳定币、NFT、DeFi、STO 等的兴起，即区块链 3.0 时代。2017 年底，稳定币的流行以及 MakerDAO 上线，推动区块链进入 3.0 时代，各种区块链应用亦如雨后春笋般层出不穷，显示了区块链技术在重塑全球金融基础设施方面的巨大潜力。

数字证券研究是数字经济背景下的重要课题。产业的数字化转型已成为一股势不可挡的浪潮，数字经济正成为各国政府着重关注的领域。数字经济不仅加速行业更迭，助推新的服务与运营模式的产生，还不断推动行业创新，提高产业效率，降低生产成本，打破行业垄断和恶性竞争，尤其在 2020 年全球新型冠状病毒肺炎疫情（以下简称"新冠肺炎疫情"）期间，数字经济在应对全球经济下行压力、促进经济复苏方面彰显出独特优势。党的十八大以来，党和国家高度重视发展数字经济，积极参与全球数字经济制度，推动互联网、大数据、人工智能和实体经济深度融合，不断推进数字产业化和产业数字化，打造数字经济新优势和良好的数字生态。根据中国信息通信研究院发布的《全球数字经济白皮书》显示，2020 年，中国数字经济同比增长 9.6%，增速位居全球第一。

2021 年 10 月 18 日，中共中央政治局就推动我国数字经济健康发展进行了第三十四次集体学习。中共中央总书记习近平在主持学习时强调，近年来，互联网、大数据、云计算、人工智能、区块链等技术加速创新，日益融入经济社会发展各领域全过程，数字经济发展速度之快、辐射范围之广、影响程度之深前所未有，正在成为重组全球要素资源、重塑全球经济结构、改变全球竞争格局的关键力量。要站在统筹中华民族伟大复兴战略全局和世界百年未有之大变局的高度，统筹国内国际两个大局、发展安全两件大事，充分发挥海量数据和丰富应用场景优势，促进数字技术与实体经济深度融合，赋能传统产业转型升级，催生新产业、新业态、新模式，不断做强做优做大我国数字经济①。

　　分布式账本或区块链技术的特性在数字存证、信用网络、品质溯源等应用场景的创造能力持续提升，发展区块链技术将成为数字经济建设的必由之路，并将体现在通证经济建设、法定数字货币、传统金融改造等诸多领域。2019年10月24日，中共中央政治局就区块链技术发展现状和趋势进行了第十八次集体学习，习近平总书记在主持学习时强调，区块链技术的集成应用在新的技术革新和产业变革中起着重要作用，要把区块链作为核心技术自主创新的重要突破口，明确主攻方向，加大投入力度，着力攻克一批关键核心技术，加快推动区块链技术和产业创新发展②。

　　区块链技术只有产业创新结合才能真正实现技术落地，发挥技术价值。伴随着国家政策支持，区块链作为核心技术自主创新的重要突破口，在金融、政务、社会治理等领域广泛落地，我国区块链产业也取得积极进展。据统计，截至2021年上半年，我国区块链企业已超过1400家，产业园区超过40个，专利申请数量全球领先，初步形成较为完善的产业链条③。并且，区块链技术应用正在向供应链管理、数据流通、智能制造等领域快速拓展。

　　从形态上看，数字证券的产生见证了虚拟货币与首次代币发行（initial coin offering，ICO）的兴起与发展，是一段由规避监管、野蛮生长向合规道路过渡的过程。比特币与大多数货币不同，比特币不依靠特定货币机构发行，它依据特定算法，通过大量的计算产生。比特币的交易记录公开透明，

---

　　①　《习近平在中共中央政治局第三十四次集体学习时强调 把握数字经济发展趋势和规律 推动我国数字经济健康发展》，人民网，2021年10月19日。

　　②　《习近平在中央政治局第十八次集体学习时强调 把区块链作为核心技术自主创新重要突破口》，央广网，2019年10月25日。

　　③　《工信部：产业发展取得积极进展 我国区块链企业已超1400家》，《证券时报》，2021年9月27日。

并由计算机网络验证和保存所有比特币的交易记录，由此逐渐形成一个点对点传输的去中心化支付系统。在这样的支付系统中，所有的交易被记录在一个共同的数据库中，无须中心化的控制机制，而是由比特币底层软件控制货币供应与磋商交易的验证过程[①]。基于比特币本身具有的财产性，Mastercoin 创始人建议可以通过在协议级别使用现有比特币，通过新程序来构建新的货币层。该项目在 2013 年 8 月正式落地，项目允许使用加密货币进行复杂的财务任务，旨在使用现有的比特币协议创造出新的加密货币——允许比特币用户设置生成新的智能合约，并基于智能合约封装的身份验证和实现，最终导致允许虚拟交换智能资产，例如债券、股票、不动产等。Mastercoin 项目包含融资和发行数字货币的行为，后来被大众认为是区块链领域的第一个 ICO。随后，2013～2014 年，出现了许多疯狂的区块链项目并启动了 ICO，发行的代币价格也都水涨船高，然而，除了 Ethereum 项目获得成功之外，其他 ICO 项目最后几乎都湮灭在炒作过程中或者直接沦为骗局。迄今为止，Ethereum 已成为世界上最大的 ICO 之一，同时也是除比特币以外市值最高的加密数字货币。2016 年 5 月，去中心化的自治组织（the decentralized autonomous organization，DAO）成为 ICO 史上最大的众筹项目，融资额高达 1.6 亿美元。但最终因受到黑客攻击，并经历软硬分叉争议，最后解散，以退回以太币而告终。

我国 ICO 从 2016 年下半年开始起步，并在短时间内迅速崛起，因 ICO 项目不遗余力逃避监管，我国监管机构也快速展开了调查。中国互联网金融协会于 2017 年 8 月警告投资者在投资 ICO 前应提高警惕，并提示 ICO 的迅速崛起扰乱了社会经济秩序并形成了较大的风险隐患，一些 ICO 采用各类误导性宣传手段，涉嫌诈骗。一方面，ICO 项目鱼龙混杂，许多项目可以轻易地获得价值上千万甚至上亿元的投资，但实际上只是一纸空文的庞

---

① Satoshi Nakamoto. Bitcoin: A Peer-to-Peer Electronic Cash System. bitcoin, 2016 – 12 – 26.

氏骗局；另一方面，由于监管缺位，许多 ICO 项目融资完成后很难实际落地，并对资金使用情况缺少有效监督，导致投资者的资金投入后陷入巨大风险。基于 ICO 发展中存在的诸多乱象，中国人民银行等七部门于 2017 年 9 月 4 日发布了《关于防范代币发行融资风险的公告》（以下简称"九四《公告》"），指出代币发行融资是指融资主体通过代币的违规发售、流通，向投资者筹集比特币、以太币等所谓的"虚拟货币"，本质上是一种未经批准的、非法公开融资的行为，涉嫌非法发售代币票券、非法发行证券以及非法集资、金融诈骗、传销等违法犯罪活动①。九四《公告》将 ICO 界定为未经批准非法公开融资的行为，属于违法行为，应当受到司法部门和地方政府的严厉管制，甚至刑事追诉。

在国外，ICO 项目同样受到监管机构的严格限制。在美国，发行 ICO 必须先取得美国证券交易委员会的认证，未经注册申请的 ICO 项目将被认定为违反联邦证券法。美国证监会（SEC）也在监管执法中不断对问题 ICO 施压。2018 年 11 月，美国 SEC 与两家 ICO 企业 Airfox 和 Paragon 达成和解，要求两家企业将其 ICO 代币注册改为证券并退还投资者资金，并向 SEC 提交至少一年的定期报告，同时支付 25 万美元的罚款。

不可否认 ICO 推动了区块链在金融领域的创新发展，但由于具有高风险与欺诈性，备受各国打压。在严苛的政策施压下，迫使 ICO 项目向合法化的方向推进，证券型通证发行（securities token offerings，STO）这一新概念也应运而生。目前，STO 市场尚处在早期发展阶段，并被整个行业寄予厚望。STO 的应用场景要比 ICO 更加苛刻，其需要有实体资产或者现金流支撑，而非仅仅一份白皮书或者几页 PPT 文件就可以轻易获得融资。要想合规发行，STO 必然要接受政府的监管，美国、英国、新加坡、日本和中国香港地区都已将证券型通证的发行纳入证券法律体系内进行规制和监管，

---

① 《中国人民银行 中央网信办 工业和信息化部 工商总局 银监会 证监会 保监会关于防范代币发行融资风险的公告》，中国人民银行网站，2021 年 9 月 4 日。

并初步形成对 STO 有据可循的监管指引规范。

二、数字证券的界定

数字证券是指在分布式账本技术或基于分布式账本上智能合约的基础上，投资者为了获得利润进行共同投资而取得的可拆分可转让的代表投资性权益的凭证。数字证券本质上仍是具有投资性权益凭证，属于证券范畴，具有投资性、流动性，并依赖于他人努力来实现投资利润，这是数字证券应受《证券法》规制和监管的前提；同时，数字化是数字证券的主要特征，数字技术的支撑是数字证券与传统证券的核心差异。所谓"数字"，就是指数字证券是基于分布式账本技术或者基于分布式账本上智能合约的基础而实现发行与交易的，其中技术最主要的呈现形式便是区块链技术。

数字技术尤其是区块链技术在证券业的应用，可以通过智能合约缩短证券清算与结算的时间，并且有关证券交易的价格和时间信息都可以直接存储在区块链上，这弱化了传统证券市场中交易所的地位，突出了市场的去中心化功能，提高了交易的透明度。同时，区块链具有更高的安全性，它由遍布全球的点对点网络来共同管理，无须像传统数据库那样需要集中维护，这可以为证券交易的安全性提供坚固的技术保障。证券的数字化，是底层网络的数字化，这使其与证券业的天然结合优势得以发挥，与传统证券相比是在金融基础设施层面发生的技术革新。

数字技术给数字证券带来了技术上的变革，但数字证券本身仍属于证券（学理意义上的证券）或者具有证券属性。在认定产品是否构成投资合同或者具有证券属性时，资本市场最为发达的美国提供了不少的实践经验，其中，最典型的就是"豪威测试"。"豪威测试"识别投资合同具有四项标准：（1）必须是资金投资；（2）必须投资于共同的事业；（3）目的是获取利润；（4）该利润仅依靠他人的努力①。此外，"里夫斯测试"在美国司法实践中也具有指导意义，其考虑的因素包括：（1）什么是推动当事人进行交易的合同动机？如果融资者是为了募集一般的营运资金，投资是为了赚取利润，那么它就可能是证券。如果是为了买卖便利或消费，那么它就不可能是证券。（2）分销、流通之计划，它是投机或投资常见的交易工具吗？如是，则是证券。（3）投资者大众是否合理期待它为证券。（4）有无其他另一范体系的存在以降低投资的损失风险。无，则是证券②。

"豪威测试"与"里夫斯测试"是美国法院在实践中形成的认定证券的实质标准，是对证券内涵实质解释后的量化参考，具有实践合理性。综合"豪威测试"与"里夫斯测试"，数字证券也应当具有投资性、共同性（包括横向共同性与纵向共同性）与风险裸露性。

投资性是证券作为投资者与融资者之间融资关系的表征和凭证，异于一般产品或产品的凭证（如仓单）的根本之所在③。一般产品通常只具有消费性，而发行证券作为融资手段，本身不局限于消费，而是投资。美国证监会将加密货币划分为效用型通证（utility token）和证券型通证（security token）两种类别；英国金融行为管理局（FCA）《数字资产指南》咨询文件中将各种加密货币分为三种类别：支付型通证、证券型通证和效用型通证；瑞士金融市场监管局（FINMA）对通证也作了类似分类：效用型通证、支付型通证和资产型通证，其中资产型通证可视为"证券型"。目前，各国的监管导向是对证券型通证予以证券法上的规制，原因在于其他类别的通证不具有显著的投资性，而更多地体现为交换、消费价值。

---

① SEC v. W. J. Howey Co. 66 S. Ct. 1100 (1946).
② Reves v. Ernst & Young, 494 U. S. 67, 70 (1990).
③ 邢会强：《我国〈证券法〉上证券概念的扩大及其边界》，载《中国法学》2019年第1期，第247页。

证券只有具有流动性和涉众性，才有受证券法特别保护的必要，因此需要投资者将资金投资于共同的事业，此即证券的横向共同性。横向共同性关注投资者之间的关系，即投资者的投资构成一个池子（pool），每一投资者的收益的成功取决于总体的事业（overall venture）的成功。纵向共同性则关注投资者与管理者（发起者）之间的纵向关系，即投资者的收益主要依赖管理者的努力。其中，横向共同性不仅包括现实的横向共同性，还包括潜在的横向共同性，这一特征在数字证券领域更加突出，一种全新的（NFT）资产发行模式即为典型。现实资产往往具有唯一性和不可拆分性，其本身不具有流动性。随着区块链技术的成熟和更广泛的应用，有项目方开始尝试把资产（如房产、艺术品等）上链，然后发行一定数量的通证，通过代币拆分的方式，将资产分割为链上的若干份额，从而让普通投资者参与投资大宗商品、艺术收藏品成为可能。

风险裸露性也称风险未受规制性，是指证券在它未受证券法的规制之前，它有损失本金的风险且也未受到其他专门法律的有效规制，这是通过是否有其他保护投资者的替代方案以至于使证券法的适用不再必要来界定产品是否属于证券。

通证证券化与证券通证化都属于数字证券的范畴，这两种形态存在不同。通证证券化是目前市场中最受关注的数字证券形式，可以视为通过区块链网络建构的、类似于场外交易市场来完成发行、交易证券型通证，但通证证券化也拥有独自的一级发行平台与数字交易所。证券通证化则更多的是一种技术意义上的概念，是指基于区块链或者分布式账本技术实现证券在区块链上的登记与流转，使得证券在链上得以通证化。实际上，证券通证化并没有实质改变证券的性质，只是发行与交易的底层技术发生了变革。证券通证化仍是在中心化的框架下形成的一个新概念，它是技术的革新，而不是产品的革新，但通证证券化则是萌生出来的具有证券性质的全新产品。这两个概念在将来可能会相互融合，例如通过立法将证券型通证规定为法定的证券种类，但在目前，区分两者的概念是有必要的。

关于数字证券内涵与外延的详细论述，《蓝皮书》分报告一"数字证券的内涵与外延"将具体展开。

三、本书的总体框架

《数字证券蓝皮书》分为总报告与分报告两个篇章。其中，总报告一方面针对数字证券的兴起、发展作简要阐述，并针对我国数字证券的发展现状以及前景作进一步拓展，另一方面总报告对本蓝皮书中数字证券的概念、研究方法体系、数据来源以及重点创新也展开必要的前提性说明。

《蓝皮书》分报告共包括五个部分，除了对《蓝皮书》的核心概念——数字证券进行厘定的分报告一以外，其他四个分报告分别为：分报告二"数字科技背景下的证券行业数字化转型研究"、分报告三"数字证券的生态系统：内涵、结构及参与者"、分报告四"数字证券全球发展：地缘差异与国家战略"以及分报告五"数字证券的全球治理：域内制度与国际规则"。《蓝皮书》分报告的五部分内在连贯，逻辑缜密，旨在对数字证券展开整体性、全方位的研究，对数字证券的内涵与外延进行了清晰的界定，廓清了数字证券的研究范畴，对改善模糊不清的研究现状有着积极意义；同时，《蓝皮书》对数字证券的生态系统、全球发展以及治理展开了详细的阐述，更具有理论参考价值与实践指导意义。

分报告一——数字证券的内涵与外延。分报告一是《蓝皮书》展开研究的基础，既界定数字证券的内涵、本质，也意图廓清《蓝皮书》研究对象的范畴。数字证券目前在我国《证券法》立法框架内并非法定概念，很难纳入受《证券法》规制的证券范围，但基于发展数字证券的前瞻性视角，需要对证券进行实质解释。

数字证券是指在分布式账本技术或基于分布式账本上智能合约的基础上，投资者为了获得利润进行共同投资而取得的可拆分可转让的代表投资性权益的凭证。数字证券具有数字技术与证券两个层面的特征，既是通过分布式账本技术或基于分布式账本上智能合约而实现发行与交易的通证，也具有证券的投资性、共同性与风险裸露性。

数字证券的表现形式包括通证证券化与证券通证化。通证证券化是发行证券型通证的主要模式，而证券通证化是中心化的证券产业在区块链底层技术上推进的结果。其中，前者体现了数字证券市场兴起与发展的自发性，后者则从技术视角为数字证券合规化提供了新路径。

分报告二——数字科技背景下的证券行业数字化转型研究。分报告二主要围绕证券行业数字化转型的产生、发展以及规制层面。得益于大数据、云计算、人工智能、区块链为代表信息技术在金融业的快速发展和广泛应用，证券行业也发生了快速转型。数字技术为一方面在前端应用领域，推动精准营销、智能客服、智能投顾等领域纵深发展，另一方面也在向证券公司的组织机构架构、运行经营模式等中后端应用领域延伸，逐步实现证券公司的数字化运营。数字技术为量化投资的发展也提供了契机，可以有效实现量化投资对数学模型和实际数据的依赖，避免个人主观因素对于投资的影响，以实现科学决策。

在国家和地方政府对数字技术发展和应用的政策支持下，数字技术的兴起给证券行业带来了机遇，我国数字技术有关专利申请量居于世界领先地位，我国数字技术应用发展也领先全球。但我国的数字技术主要集中在应用侧，只在技术层局部有所突破，与美国数字技术应用在全产业均有布局还有所差距。数字技术为行业突破带来机遇的同时，也带来了诸多风险与挑战。基于目前证券行业存在投资决策科学性不足、证券零售业务客户黏度降低、业务模式同质化、佣金率下滑、客户流量红利，以及投顾业务、资产管理业务发展面临技术瓶颈等发展问题，数字技术必将重塑证券行业，但科技公司以数字技术进军证券服务领域以弥补后者技术短板的同时，也将对传统证券行业造成重大威胁。除此以外，数字技术在数据安全和个人隐私、人脸识别等技术滥用、算法黑箱和算法歧视、数字技术类人类化发展等领域所存在的隐患均受到越来越多的关注。

因此，在数字技术背景下，证券行业的转型既要抓住机遇，也应直面挑战，规避风险。为了全面助力证券行业进行数字化转型，《蓝皮书》认为应当从如下几个角度来实现数字技术在证券行业的恰当应用：（1）推进数字技术在客户分类和智能客服中的应用。其中运用数字技术进行用户画像，可以更加精准地捕捉客户需求，可以有效降低信息获取成本和服务成本，提升营销和服务效率；（2）加强数字技术在智能投顾中的应用，从技术出发，实现风险收益的最佳匹配方案；（3）深化数字技术在智能交易中的应用，提高证券市场中的价格发现；（4）加强数字技术在智能投研中的应用；（5）加强数字技术在风险管理中的应用。

分报告三——数字证券的生态系统：内涵、结构及参与者。分报告三针对数字证券的生态系统这一问题展开。分报告三是《蓝皮书》的核心部分，是对新兴数字证券行业所依赖的技术底层以及交易系统进行完整细致的阐释。数字证券与数字货币、数字资产有所区别，也不是简单的电子化证券，而是区块链或其他形式的分布式账本技术在金融资产的登记和交易等金融领域的应用。数字证券是把资产登记在分布式账本上形成稳定安全的记录，并进一步发行代币实现资产证券化，进而提高流动性并用于融资。同时，在分布式账本上可加载智能合约，实现资产自动转让交易，从而实现金融衍生品的功能。通俗来说，《蓝皮书》把依赖于分布式账本的、符合证券定义的金融产品定义为一个新的产品类别，命名为"数字证券"并研究其对应的市场。

随着数字资产的诞生与快速发展，数字证券在全球范围内逐步构建出一套现实资产数字化的全路径生态，并以智能合约为介质在去中心化金融体系中逐步瓦解现实资产数字化后的流动性障碍。数字证券也涉及发行、流通和监管三个主要部分。数字证券生态的底层技术，往往由区块链技术公司支持，提供资产数字化、交易隐私保护、交易系统安全保护等区块链技术服务；对应地，数字证券交易所是去中心化交易平台和智能合约执行交易条款，而非目前主流的交易所；数字证券也同样需要托管机构、银行、投资机构等主体的参与。其中，数字证券的底层设施供应商，主要是提供和研发联盟链和公链的互联网企业，多为传统的 IT 解决方案提供商，包括微软、腾讯等知名公司。目前，全球较为知名的数字证券一级发行平台有 Harbor、Polymath、Securitize、Swarm 等，数字证券交易所包括 Coinbase、Templum、OpenFinance Network、iSTOX 等。

数字证券主要依托区块链技术，区别于传统的首次公开募股（IPO），通过数字证券发行的通证在多个司法管辖区内也要受到证券法规制，通常涉及项目设计、合规化处理、通证发行和投融资对接四个发行环节。目前，数字证券主要使用公有链进行相关基础设施开发，包括以太坊、电气过应力（EOS）和波场等。关于具体技术实现，业界针对数字证券的技术方案主要有三种：在现有区块链的基础上开发数字证券侧链、将数字证券相关的协议写入区块链的第二层协议中、开发专门用于数字证券的区块链。

分报告四——数字证券全球发展：地缘差异与国家战略。分报告四用实证数据分析了数字证券在全球发展中的态势，既体现了数字证券的发展现状与未来趋势，还横向对比了各个国家间发展的差异，总结不同国家数字证券发展的规律与经验，可为我国数字证券产业的发展提供重要参考。目前，数字证券的发行体量很小，但基于区块链技术对信息的存储、流动和验证等一系列优势，数字证券的发展速度正在加快。除 2020 年、2021 年受新冠肺炎疫情影响，全球数字证券增速放缓，数字证券增速自 2016 年以来基本维持在 60% 甚至 70% 以上，并预计在未来五年内，全球数字证券市场将迎来指数增长。数字证券发行行业聚集非常明显，金融行业募资额约占全球发行总额的 75%，发行数约占 30%，其次是区块链行业与房地产行业①。

国家间的差异化发展也是《蓝皮书》关注的重点。2016 年数字证券营业收入排名前五的国家或地区为美国、中国、海湾地区、北欧地区以及英国，由于目前中国（不包括港澳台地区）已经禁止了数字证券的发行和交易，海湾地区和北欧地区与中国的规模差异正在逐步缩小。美国数字证券的营业收入与市场份额始终位居全球第一，中国自 2017 年 9 月颁布禁令后，市场份额在不断下滑。海湾地区、北欧地区以及英国目前政策比较包容，营业收入与市场份额都在快速增长。在发行人行业分布上，美国、英国、中国都主要聚集于金融行业，而海湾地区主要分布于房地产、基础设施、能源和金融，北欧地区则是养老与健康产业。数字证券的发行需要有相应的资产作为抵押，美国、英国、北欧地区、中国主要以股权为抵押资产，而海湾地区以其他资产（石油）支持的数字证券发行占绝大多数。

分报告五——数字证券的全球治理：域内制度与国际规则。分报告五是《蓝皮书》的核心篇章。数字证券生态为数字证券的发行、交易搭建出基础框架，但让数字证券生态富有生命力的前提还是确保其合规性，只有当数字证券得到有效治理，才有落地发挥实效的可能。数字证券治理至少包含技术治理、组织治理、业态治理三个方面。

如何在分布式、去中心化的环境下，维持技术本身的稳定性和动态发展性是数字证券技术治理的要点，其本质仍然是分散化个体的集体行动问题，具体体现为如何调动分散各方力量以形成更高质量的代码和更丰富的应用生态。开源治理在"如何激励各方参与动机"以及"如何协调各方集体行动"这两方面可以为解决分布式账本及智能合约技术发展所面临的问题提供思路。基于开源治理的两点路径，数字证券在在技术

---

① 资料来源：Absolute Reports 的非公开报告（见分报告四）。

层面应推进标准化、体系化建设，以为不同主体的分散化研发提供共同的技术基础和共识基础，并区分不同情况来解决代码开发过程中的归责难题，同时，数字证券的机制设计应确保合约所设置的激励、约束条件的合法性与合理性。

数字证券的组织治理包括平台治理与去中心化组织治理，其中后者是数字证券组织层面治理的核心。分布式账本和智能合约技术可能实现传统组织发生变化乃至被替代，实现组织的去中心化，其根本目的是降低交易成本。分布式账本技术的公开性、透明性可以缓解乃至消除交易过程中的信息不对称，从而比"公司"更具交易成本优势，但其只是更加适合"完全合同"下的交易行为，因此需要去中心化组织放弃一定程度的不确定性。

数字证券业态治理方面，国际实践已经形成了明显的监管导向，使得数字证券赋有监管色彩，但不同国家与地区之间在监管态度上也有所差异，具有宽严之分。自 2017 年开始，我国禁止国内加密货币交易以及ICO 发行，这是由于数字证券尚未接入《证券法》规制的正轨中，有违法之嫌。同时，避免金融风险、维护金融秩序的安全稳定是目前的主要国情，我国区块链技术现主要运用于民生应用领域，数字证券正在探索规划之中。美国、日本、中国香港地区等地允许数字证券的发行，但具有相对严厉的监管措施，实行牌照化管理。美国基于豪威测试，倾向于将所有加密货币都纳入证券监管；中国香港地区也试用监管沙箱制度，对数字证券发放牌照的条件与流程设置较为苛刻的门槛。英国、新加坡等国家对加密市场监管持宽松、包容的态度，目前仅针对证券型通证进行监管，而支付型通证与效用型通证等不具有证券属性的加密货币的流通不受证券法监管。

《蓝皮书》的各分报告之间环环相扣、相互依存，对数字证券的技术建设、发展空间以及治理体系有着严整性的介绍，各部分详略得当，强调相关理论和实践研究的前沿性和时效性，兼顾学术性和应用性、政策性和实践性。

四、本书的数据来源、方法体系
与重点创新

为了更好地展示数字证券的发展与治理问题的前沿性研究，《蓝皮书》集合了学者与实务工作人士的力量，尝试从理论与实践两个视角来对数字证券进行全方位、更全面、更体系化的研究。尽管对具有证券性质的通证发行采取严格管控甚至禁止的态度是国内基本现状，但国际上数字证券的发展依然在积极推进，世界上主要的经济体如美国、欧洲、日本、新加坡以及中国香港地区等国家与地区均以推动数字证券发展为趋势。2020 年是全球数字证券产业资本体系形成和一级、二级市场基建建设取得重要进展的一年，同时也是去中心化金融体系（DeFi）尝试通过数字证券连接现实资产扩充流动性的标志性年份。在数字经济的背景下，研究数字证券具有现实意义，推进证券行业数字化转型，以科技赋能业务发展，并适应全球化发展趋势，发展数字证券具有迫切性与必要性。

（一）本书的方法体系

总体而言，目前国内对于数字证券的研究还刚刚起步，研究成果较为零散，缺乏系统性。我国亟须形成一个完整的研究体系，对数字证券的内涵外延、法理基础、发展概括、政策导向、基础设施应用、数字化要素市场建设等方面进行研究，形成具有公允性和权威性的综合研究报告。

本蓝皮书对数字证券的研究主要以如下方法为指导。

1. 跨学科研究方法

运用多学科的理论、方法和成果从整体上对数字证券进行综合性的研究，是《蓝皮书》显著的特色与优势。无论是从《蓝皮书》的框架体系，还是撰写团队来看，本蓝皮书包罗数字证券的发展、生态、治理与监管等多领域、全方面的问题，融合了密码学、金融学、经济学、法学等多学科的研究方法。各学科在数字证券研究中的联系愈来愈紧密，这也对研究数字证券的学者们提出更高的要求，一方面要懂得数字技术的精髓，另一方面也要对政策有独到的理解。

2. 实证研究方法

实证研究是理论开展的重要路径，通过实证研究，可以使问题的研究更精准、更合理。《蓝皮书》采用了大量数据分析，尤其在分报告四"数字证券全球发展"一章，对全球数字证券的发展现状与趋势作出了详细的阐述。通过对数字经济背景以及全球发展趋势的理解，可以为我国发展数字证券提供实证的依据，并将理论与实践有机地结合起来，从实务中提炼出理论，对数字证券的内涵与治理问题进行扩展，同时也将理论用以指导实践，以期为我国早日正式开放数字证券做足准备，并奠定扎实的基础。

3. 比较分析方法

《蓝皮书》采用全球视野，首先从法理上厘清数字证券的内涵和外延，其次从地缘差异与国家战略的高度分析数字证券的全球发展现状和发展脉络，在此基础上，从域内制度与国际规则两个层面梳理研究数字证券的全球治理态势，进而提出加快推进数字证券市场合规、快速发展的政策建议。比较的目的不是把国外已经成型的数字资产发行与交易模式强加于我国数字证券发展中来，而是通过分析和研究数字证券在各国的各种特殊形态，并揭示其中的本质与特征，将其转化为共性与个性来作为《蓝皮书》对数字证券研究的借鉴。

4. 调查法

通过调研，可以根据数字证券行业的发展轨迹及实践经验，对未来的发展趋势做出大致的分析与预测。《蓝皮书》特设置"数字证券案例遴选"，拟对国内外在区块链技术以及数字证券发展的企业案例展开介绍。通过调研金融创新公司，了解行业前沿发展现状，并从理论的视角予以回应，从行业入手，推动我国数字证券的进一步发展。

此外，《蓝皮书》还运用了历史分析方法、文献分析方法、规范分析方法等多种研究方法。

（二）本书的数据来源

《蓝皮书》的数据主要来源于 Absolute Reports 和 Blockstate. com，并且主要集中于"分报告四数字证券全球发展：地缘差异与国家战略"中。

具体而言，数字证券企业营业收入以及市场份额相关的数据来源于Absolute Reports 的非公开报告。统计时间从 2016～2026 年。其中，2016～2020 年是真实的调研数据。2021 年下半年至 2026 年是基于以往真实调研数据的预测值。Absolute Reports 是一家全球领先的提供数字证券专业数据分析和商业资讯的公司，他们通过访谈调研和搜集整理数字证券企业的发行和交易数据，以及专业的行业分析，为公司战略决策以及研究机构提供科学可靠的数据支持①。

发行人行业以及数字证券资产类型等来自我们从 Blockstate. com 手工整

---

① 《数字证券蓝皮书》的部分数据来源得益于的 Absolute Reports 合作与支持，在此表示感谢。关于 Absolute Reports 的更多信息，参阅 www. absolutereports. com。

理的数据。这一部分统计时间略短，从 2018～2020 年。Blockstate 是瑞士的一家数字证券平台公司。该公司与法兰克福金融管理学院（Frankfurt School of Finance and Management）于 2020 年联合调研 124 家数字证券公司，并将调研结果公开到 Blockstate 网站。这是目前数字证券研究领域极少数可以公开获取的比较权威的发行数据①。

其他部分数据来源，多来自校内图书馆馆藏图书、软件及各种资料、国内外图书、报刊等出版物、国内外学者的相关研究成果，以及研究团队的调研成果。

（三）本书的重点创新

《蓝皮书》是国内第一本对数字证券展开系统性、全面性探讨的蓝皮书，填补了国内数字证券研究的空白，其创新之处体现在以下五点。

1. 《蓝皮书》首次系统构建了数字证券的理论框架

对数字证券进行精准界定是研究好数字证券的基本前提，《蓝皮书》结合国外实践（主要是美国法）对数字证券的内涵做出了完整的阐释，并对数字证券的外延——通证证券化与证券通证化进行廓清。同时，《蓝皮书》对数字证券生态、发展与治理这些重要问题也作出了详细阐述，系统性地搭建了数字证券的理论框架。

2. 《蓝皮书》首次从地缘差异与国家战略的高度分析寻找全球数字证券的发展之源

发展数字证券是数字经济建设中的一环，也是未来证券行业发展的趋势。实践中的 ICO 尽管最终沦为欺诈融资的手段，但其本身的价值不可忽

---

① 关于该调研数据和 Blockstate 公司的更多信息，参阅 https：//blockstate.com。

视，对其底层网络——区块链或者分布式账本技术加以有效监管和利用，完全可以推动合规的数字证券概念的产生，使数字技术与产业的深度融合成为可能。

3.《蓝皮书》首次从域内制度与国际规则两个层面深入探讨数字证券的全球治理问题

国外已有不少国家对此采取包容的态度，但都将具有证券属性的通证发行与交易纳入证券法监管的范畴。基于我国社会背景与法制现状的不同，国内目前对数字证券的监管政策较为僵化，但随着区块链技术的不断成熟与广泛应用，待监管条件完善，未来我国也必然与国际接轨。

4.《蓝皮书》首次将数字证券的研究纳入数字经济的大范畴中考察，有助于推动金融新经济、新业态的创新发展

党的十八大以来，我国不断推动互联网、大数据、人工智能和实体经济深度融合，建设数字中国、智慧社会，推进数字产业化和产业数字化，为打造具有国际竞争力的数字产业集群不懈努力。数字证券作为重点领域的数字产业，《蓝皮书》予以高度关注，并尝试对其发展规划展开合理回应。

5.《蓝皮书》兼顾学术性和应用性、政策性和实践性、国内探索和国外实践的有机结合

《蓝皮书》并未追求在我国贸然地加速建设数字证券，反而应该应我国国情与法律政策，先加强区块链技术作为底层网络的应用，再逐步推动数字证券的发展，这是理论与实践结合的最佳范式。

五、我国数字证券市场合规发展的未来展望

目前，我国对 ICO 乃至 STO 采取的都是最严格的严管态度，即禁止

一切通过代币发行融资的行为，并将上述行为定义为一种未经批准的非法公开融资的行为，涉嫌非法发售代币票券、非法发行证券以及非法集资、金融诈骗、传销等违法犯罪活动。尽管观念中的 STO 与 ICO 有着较大的变化，不再只是一纸空文就能轻易融资成百上千万的资金，而是朝着合规发行的方向发展，但 STO 发行的证券型通证在国内《证券法》对证券界定比较僵化的前提下，仍很难被认为是合法的、受监管的"证券"概念①。我国《证券法》对证券的认定一向采取的是立法列举兼行政认定的模式，2019 年新修订的《证券法》在一定程度上扩大了证券的范围，增加了存托凭证，并将资产支持证券、资产管理产品视作"准证券"交由国务院对其发行、交易的管理办法作出规定，但这样的修改无益于将因金融创新塑造出来的实质上具有证券属性的新兴金融产品纳入《证券法》的监管范围，对于认定证券的实质判定空间仍非常小，数字证券在国内便处于这样尴尬的境地——正是因为数字证券具有证券属性，但又并非合法概念上的"证券"，因此其发行融资行为往往直接被认定为非法集资等违法犯罪行为而被抑制。

中国人民银行等七部门于 2017 年 9 月 4 日颁布禁令之后，国内 ICO 迅速迎来监管风暴，包括 ICOINFO、ICOAGE 等十余家国内 ICO 项目平台陆续停止了相关业务。但 ICO 市场热情依然不减，原本国内的交易平台相继移师海外，除了运营主体区域外，在这些平台上发币的不乏国内团队，用户群体、语言文字、团队核心甚至境外 ICO 业务的重要客户群体也仍以中国公民为主。中国是世界第一人口大国，经济体量巨大，普通民众的投资

---

① 中国人民银行副行长潘功胜曾在第二届互联网金融论坛上表示，在中国出现的 STO 本质上属于非法的金融活动。资料来源：陈鹏：《潘功胜：STO 在中国本质上是一种非法金融活动》，新浪财经，2018 年 12 月 8 日。北京市地方金融监督管理局局长霍学文也曾在中国企业领袖年会上中的演讲中告诫 STO 从业者，在政府有关部门未批准从事 STO 之前，如果在北京开展活动，政府将视同非法金融活动予以驱离。资料来源：《霍学文：STO 是非法金融活动》，亿欧网，2018 年 12 月 1 日。

意识普遍薄弱，逐利性强，许多ICO项目撤至海外后仍以各种方式诱导中国公民参与境外虚拟货币投资交易中来。中国境内整顿ICO并非意味着这种业务会彻底消失，ICO作为舶来品，单纯靠我国的一纸禁令并不能影响整体行业发展的趋势。ICO项目依赖区块链点对点的传输技术可以很容易实现跨疆域的交易，大量具有欺诈性的ICO项目在国外经营、国内销售反而增加了国内监管机构的监管难度，使得国内监管机构对待欺诈投资者的违法行为很可能鞭长莫及。一味地抑制不一定是最优选择，数字证券作为新生事物，将会继续向前发展，就单纯结合区块链技术实现证券发行与交易这一过程来看，这对金融创业、产业发展具有极大的价值，因此，如何规范好金融科技的落地才是更加正确的选择。

习近平总书记在中共中央政治局第三十四次集体学习中谈到，要规范数字经济发展，坚持促进发展和监管规范两手抓、两手都要硬，在发展中规范、在规范中发展①。同样，这一思想应当贯彻并落实到数字证券研究与发展中来，规范数字证券发展，不能仅局限于禁止，限制发展只能是暂时的，如何在有效监管下实现良性、有序发展才是未来努力的方向，因此发展与监管是数字证券研究的两大重要课题。

（一）我国数字证券发展的思路——稳中求进总基调

我国针对数字证券这一类具有高风险投资性质的项目采取坚持稳字当头的发展态度，强调金融系统要坚持大局意识。稳定与发展是相互联系、相互依存的。稳定是发展的前提和基础，没有稳定的投资环境，发展数字证券只是个愿望，难以长久为继，反而可能会破坏原本的市场秩序。目前我国在发展数字证券上，秉承各项工作稳步推进。

---

① 《习近平在中共中央政治局第三十四次集体学习时强调 把握数字经济发展趋势和规律 推动我国数字经济健康发展》，人民网，2021年10月19日。

ICO 项目起初的价值在于应用区块链技术的优势来实现融资，ICO 团队通过向投资者发行数字代币/通证来筹集比特币、以太币等加密货币，与 IPO 有类似性，ICO 项目中发行的数字代币/通证本质上就是记载投资性权益的凭证，具有证券性质。作为新兴的金融创新项目，ICO 项目吸引了大量投资者的关注，并随着加密货币的价值不断攀升，ICO 项目得到迅速增长。然而，监管缺位下的 ICO 迎来野蛮生长，大量市场投机者深陷其中，市场投机色彩浓厚，同时市场中的 ICO 项目鱼龙混杂，充斥着欺诈性，并容易为洗钱、恐怖融资等违法犯罪活动所利用。

一方面，目前加密货币市场秩序混乱，投资者奔赴炒作加密货币的浪潮中，企图追逐高收益，企业往往也随之热衷于区块链快速融资的模式，而无心致力于产业创新，整个市场环境的投机色彩浓厚，使得产业陷入难以良性、健康发展的境地。另一方面，许多 ICO 项目没有实体资产支撑，仅靠一份白皮书甚至几页 PPT 文件就开始发行数字代币/通证，大量"空气币""山寨币""传销币"充斥其中，发行人"卷钱跑路"的情形层出不穷，融资运作涉嫌非法发售代币票券、非法发行证券以及非法集资、金融诈骗、传销等违法犯罪活动。此外，ICO 交易平台基本没有针对投资者适当性和反洗钱反恐融资的措施，甚至允许投资者开立匿名账户，并以较低的标准诱导更多的投资者进场投机或从事非法活动。因为加密货币本身具有匿名性，这将极易被非法交易或灰色交易运用，成为恐怖融资、洗钱等犯罪活动的工具，也被用来绕开资本管制①。

中国是世界第一人口大国，对待高风险的金融创新项目必然要保持警惕，这既是出于稳定金融秩序的考量，也是由我国国情所决定。发展与稳定是相互依存，同时也是相互制约的，正如金融创新与金融稳定之间存在利益冲突是不可避免的。一味追求金融创新，在未得到有效规范的现状下

---

① 刘绪光、李贺：《ICO 的发展演变与国际监管趋势研究》，载《清华金融评论》2018 年第 6 期，第 100～101 页。

开放数字证券市场，投资者可能会陷入高风险的投机交易——市场中数字代币/通证的价格波动巨大，同时不受传统证券市场的涨停幅限制，投资者损失难以控制。一旦投资者的利益得不到必要的保障，可能会引起社会波动，影响社会稳定。

现阶段在金融创新与金融稳定的利益衡量中，国家政策优先维护金融稳定。但停滞不是发展的目的，随着监管与技术的不断跟进，政策红利也将逐渐向鼓励创新倾斜。我国尽管仍倾向于将 ICO、STO 界定为非法金融活动，但我国的区块链底层技术并不落伍，目前产业规模正在快速增长、区块链专利数量领先世界。我国区块链技术在金融、电子政务、医疗、司法存证以及知识产权保护、溯源等领域均有覆盖，并取得了显著的应用效果。2020 年 11 月，全球首家数字证券交易所 iSTOX 得到了重庆市政府和重庆金融管理局的大力支持并签署备忘录，双方同意在重庆建立数字证券交易所以服务中国市场，同时加速 iSTOX 在中国开展业务的步伐。重庆金融管理局表示，在需要获得中国金融监管相关机构批准的事务上，将积极协调和争取政策上的支持并落地①。我国正在稳步推进区块链技术与数字金融领域的深度融合，并将区块链底层技术应用到投融资领域上来，推动区块链助力实体经济。

我国数字证券发展应当主张稳中求进，其中，所追求的"进"更多的是基于当前多层次资本市场体系下的"改进"。从法律规制的视角来看，目前我国《证券法》规定的证券范围包括股票、公司债券、存托凭证和国务院依法认定的其他证券；此外，政府债券、证券投资基金份额的上市交易，资产支持证券、资产管理产品的发行与交易也适用《证券法》。因此，当前规范数字证券相关业态暂时没有正式的法律依据，短期而言，《证券法》再度修法来扩大证券的概念以涵盖到数字证券的可能性

---

① 《全球首家受监管数字证券交易所 iSTOX 与重庆金管局在华签署备忘录》，美通社，2020 年 11 月 23 日。

不大。那么，如何推进数字证券在我国实践中的落地，首先需要从观念上作出一定程度的转变。

区块链技术起初在证券市场的运作是要以去中心化的方式来取代中心化交易所的地位，通过智能合约来实现在链上的证券发行、交易、结算、清算等一系列流程。然而，去中心化并非是绝对完美的，它也可能会增加市场中的系统性金融风险。纵观证券的全球发展演进历史，起初的金融市场也是非正式与去中心化的，只是为了应对日新月异的金融危机与持续的金融恐慌才逐渐中心化，包括纽约证券交易所在 19 世纪 90 年代后才成立了清算所，"二战"之后因为交易量猛增才推动结算机构的成立①。

区块链技术可以改善证券交易、清算与结算的流程，达到去中心化的效果，但中心化在某种程度上仍是有效的。清算所可以降低市场参与者违约的风险，提高某些成交量大的、标准化的金融交易产品的流动性。中介机构通过债务更新程序将保证金汇集起来，作为机构成员的保险手段，在发生违约时对成员的债务承担法律责任，其承受损失的能力要比单个交易商高出数倍，充当吸收金融风险的"资本堡垒"（fortress of capital）②。中心化也有助于中央银行实施货币政策，通过买卖政府证券、抵押贷款等金融工具，来影响短期利率。通过严格控制的公开交易市场，中央银行确保可以找到交易对手，并使货币政策的效果遍及整个经济体。如果区块链技术引致去中心化市场的扩散，那么系统性金融风险就可能会增加。当越来越多的证券交易不再通过清算所而是以点对点的方式交易，那么一个大型金融机构的违约就可以使市场陷入停滞③。一旦市场陷入巨大的金融风险，

---

① Jeanne L. Schroeder. Bitcoin and the Uniform Commercial Code. The University of Miami Business Law Review，2016，24：50－52.

② Levitin A. J. Response：The Tenuous Case for Derivatives Clearinghouses. The Social Science Electronic Publishing，2012，101：448－463.

③ ［法］普里马韦拉·德·菲利皮、［美］亚伦·赖特著，卫东亮译：《监管区块链：代码之治》，中信出版社 2019 年版，第 101 页。

那么将不得不再次需要中心化的措施来维护金融体系与金融稳定，这样反而得不偿失。

为了最大化地发挥区块链技术的优势，推动数字技术助力实体经济，如何定位区块链在证券业中的应用是发展我国数字证券的前提问题。我国发展数字证券不意味着应以打造去中心化的金融体系为目标，反而只有在中心化的框架下，才更贴合国内目前的政策，能够最大可能地让数字证券快速落地。因此，以区块链作为底层技术为证券的发行、交易全过程提供登记、流转的运行基础，使数字证券朝证券通证化的方向发展，是目前可行、可控的一种模式。比特币自诞生时以打造一种全球性的去中心化支付系统为愿景，但越来越多人认识到比特币真正的创新价值在于其基础数据结构——区块链或者分布式账本技术。同样，数字证券具有快速融资的优势，但将数字证券作为一种新的证券种类来对待将使其难以被现行法律体系所包容。实际上，比创造出一种新型证券更为重要的是其底层技术——区块链或者分布式账本技术，若将区块链技术用来建设金融基础设施，以便利证券的登记与流转，不打破原本的金融体系，会大大缓和数字证券与现行法律体系之间尖锐的矛盾。证券交易所、清算和结算机构、银行、金融机构以及监管机构都可以通过区块链网络以一组协议和代码规则建模来实现各自职能。如果将数字证券发行与交易视为传统融资方式借助区块链技术的自身优化，而非一种彻底创新的融资模式，那么这种观念上的转变有可能成为追求安全的法律规范和追求效率的创新业态之间的"黏合剂"①。

区块链或者分布式账本技术为证券发行、交易提供的底层网络平台应定位于新型金融市场基础设施，这有助于数字证券概念的合法化，也是《蓝皮书》研究的初心与目标。金融市场基础设施，是指各参与机构（包

---

① 张超：《证券型通证发行的法律性质与监管范式转变——以美国数字资产投资合同分析框架为视角》，载《财经法学》2020 年第 1 期，第 97 页。

括系统运营者）之间用于证券、衍生品或其他金融交易之清算、结算或支付记录的多边系统，包括支付系统（SIPSs）、中央证券存管系统（CSDs）、证券结算系统（SSSs）、中央对手方（CCPs）和交易数据库（TRs）①。区块链技术区块链技术具有防止篡改、易于审计、透明度高、可靠性强、智能合约可自动执行等优势，是新一代金融市场基础设施的技术雏形，并将赋能与重塑金融市场基础设施②。用区块链技术建设金融机构之间、金融机构与投资者之间、金融监管者（含自律监管者）与金融机构及投资者之间共用的、用以实现证券发行、交易的底层网络的基础性设施，已经被一些国家资本市场引入，用以改造其证券登记结算系统，这也应成为我国资本市场的改革方向③。

用区块链技术革新证券的发行与交易方式，在链上实现了代表投资性权益凭证的流转，从技术角度来看，证券实现了通证化，属于技术意义上的数字证券。在不久的将来，我国可以在特定省份或特定领域试点区块链技术在资本市场的应用或者采取监管沙箱：可以选择在北京、上海、深圳等经济活跃的一线城市先行试点区块链应用；也可以将区块链应用先在诸如股权众筹等特定领域试点，逐步推动与实体经济的融合，解决中小企业融资难等问题。当然，将区块链应用到金融市场基础设施中也并不要求一蹴而就，可以从证券交易的某一环开始试点。《蓝皮书》通过调研发现，"蚂蚁金服"正在尝试打造投资者风险测试的联盟链，让各金融机构作为联盟链上的节点，根据投资者/用户上传的基本情况、财产状况等相关信息生成的数字身份与区块链档案，并加载智能合约对其风险承受能力进行评估，

---

① CPSS-IOSCO, Principles for Financial Market Infrastructure, 1.8, 1.9.

② 姚前：《基于区块链的新型金融市场基础设施》，载《中国金融》2019年第23期，第24页。

③ 赵磊：《证券交易中的信用机制——从中央存管（CSD）到分布式账本（DLT）》，载《财经法学》2019年第3期，第51页。

并同时数据共享①，从而建立投资者在区块链上的风测档案。这种区块链投资者适当性管理应用平台类似于交易数据库（trade repositories），也可以被认为是金融市场基础设施。

（二）证券型通证发行的配套措施——完善的投资者保护制度

九四《公告》将 ICO 界定为一种未经批准非法公开融资的行为，主要基于其高欺诈性、涉嫌非法发售代币票券、非法发行证券以及非法集资、金融诈骗、传销等违法犯罪活动。目前，任何形式的 ICO、STO 都被视为非法活动。然而，并非是所有 ICO、STO 项目都是欺诈项目，尤其是逐渐规范的 STO 项目，其本质上并非金融诈骗。不过，将 STO 视为非法金融活动也是迫不得已，因为我国《证券法》并没有将证券型通证纳入证券范畴，而我国尚不存在美国司法认定证券的实质判定路径，国务院也从未根据法律授权认定过"其他证券"的种类。因此，证券型通证在我国要想行得通，有赖于立法修改证券范围，将其纳入法律规制。

在立法肯认证券型通证的合法性前，应当从投资者保护的视角对其进行评估，至少需要从信息披露与投资者适当性两方面对其进行考量。

信息披露是证券规制的主线，是证券型通证发行方向投资者和社会公众全面沟通信息的桥梁，为投资者提供做出明智投资决策所必需，真实、全面、及时、充分地进行信息披露至关重要。SEC 在 2019 年 4 月发布的《数字资产"投资合同"的框架分析》时强调属于证券的数字资产，无论其结构组织形式为何都需要保证向投资者披露完整且不会产生重大误导的信息，其中包括与基本管理工作有关的信息。如果没有法律要求披露这些"努力"以及项目的进展和前景，一方面管理层和推动者之间可能存在重大

---

① 数据共享的前提是投资者/用户的授权。

的信息不对称，另一方面投资者和潜在投资者之间也可能存在信息不对称。通过必要的披露来减少这些信息不对称，可以保护投资者①。

信息披露是反欺诈的核心制度，是推动证券公平、公正、公开发行的重要措施。同样，为了塑造交易的平等地位，谨慎识别发行对象对于早期发展数字证券也有重要意义。目前，大多数通过 STO 募资的企业都处于发展初期，包括一些大型公司在内，他们发行通证的失败可能性仍然比较高，那么，这将导致投资者面临投资失败的巨大风险。为了避免普通投资者陷入高风险的投资中，有必要对投资准入的门槛作一定限制，通过投资者适当性与合格投资者制度，只允许符合规定的投资人参与高风险的证券型通证的认购。

对此，美国 SEC 对 STO 中发行对象的要求主要体现在 D 条例（Regulation D）和 S 条例（Regulation S）中。其中，D 条例第 506（c）条规定的发行对象仅限于合格投资人，但不限制投资人数量；D 条例第 506（b）条允许同时向合格投资人和非合格投资人发行，但规定了非合格投资人不得超过 35 人；而 S 条例只允许向在美国以外的非美国人发行。

合格投资人的标准规定见于 D 条例第 501 条，归纳起来主要包括：（1）银行；证券经纪人或证券交易商；注册的投资公司；注册的小型商业投资公司；州政府成立并维持的雇员福利计划（总资产超过 500 万美元）等；（2）1940 年《投资顾问法》（Investment Advisers Act）第 202（a）（22）条定义下的私有商业开发公司；（3）《美国国内税收法》（Internal Revenue Code）第 501（c）（3）条定义下的总资产超过 500 万美元的组织；（4）发行人或发行人的普通合伙人的董事、高管或普通合伙人；（5）若自然人，其个人净资产或与配偶的共同净资产，超过 100 万美元（不包括主要住所）；（6）若自然人，其个人近两年的收入均超过 20 万美元，或与配

---

① Statement on "Framework for 'Investment Contract' Analysis of Digital Assets", United States-SEC，2019.

偶的共同收入均超过 30 万美元，且合理预期今年可达到同样的收入标准；
（7）总资产超过 500 万美元的信托，该等信托的成立并非以购买特定证券
为目的，且购买行为由适当人士指示；（8）所有的权益所有人均为合格投
资者组成的主体。

我国 2017 年 7 月 1 日起施行的《证券期货投资者适当性管理办法》第
八条对专业投资者也做出了规定，包括经有关金融监管部门批准设立的金
融机构及其面向投资者发行的理财产品，社会保障基金、企业年金等养老
基金，慈善基金等社会公益基金，合格境外机构投资者（QFII）、人民币合
格境外机构投资者（RQFII），同时符合条件的法人或者其他组织：（1）最
近 1 年末净资产不低于 2000 万元；（2）最近 1 年末金融资产不低于 1000
万元；（3）具有 2 年以上证券、基金、期货、黄金、外汇等投资经历，以
及同时符合下列条件的自然人：①金融资产不低于 500 万元，或者最近 3
年个人年均收入不低于 50 万元；②具有 2 年以上证券、基金、期货、黄
金、外汇等投资经历，或者具有 2 年以上金融产品设计、投资、风险管理
及相关工作经历，或者属于金融机构的专业投资者的高级管理人员、获得
职业资格认证的从事金融相关业务的注册会计师和律师。

对比我国金融市场，截至 2021 年上半年，全市场持有理财产品的个人
投资者数量为 6114.09 万人，占比 99.61%，是理财市场投资者中的绝对主
力①。同样，若不加以门槛限制，会导致很多不具备风险承受能力的个人
投资者进入数字资产交易市场。

（三）健全完善全球合作治理机制

由于区块链是基于互联网的技术，所以基于区块链技术的应该也具有

---

① 银行业理财登记托管中心：《中国银行业理财市场半年报告（2021 年上）》，中
国理财网，2021 年 8 月。

全球性、跨国性。随着区块链技术广泛的普及和发展，借助其去中介化和跨国的性质，完全可能建设一个全球统一的证券发行、交易系统①。因此，建立全球监管治理协同机制来应对创新对监管带来的挑战的重要性将格外凸显。一方面，数字证券可能会朝着跨国交易的方向发展，那么如何将保护跨国投资者的权益成为可能需要世界各国的共同努力；另一方面，区块链具有匿名性，极易被洗钱、恐怖融资等犯罪活动所利用，因此数字证券发行、交易的过程中应当加强全球性的了解客户（know your customer，KYC）、反洗钱（anti-money laundering，AML）监管要求。其中，KYC 制度要求交易平台应当对用户展开必要尽职调查，除了识别专业投资者身份达到投资风险匹配的目的之外，还需要确保不符合标准的用户无法使用该平台所提供的服务，并在未来的一些犯罪活动（如洗钱）调查中为执法机构提供调查依据。

参考文献：

[1]［法］普里马韦拉·德·菲利皮、［美］亚伦·赖特著，卫东亮译：《监管区块链：代码之治》，中信出版社 2019 年版。

[2] 邢会强：《我国〈证券法〉上证券概念的扩大及其边界》，载《中国法学》2019 年第 1 期。

[3] 姚前：《基于区块链的新型金融市场基础设施》，载《中国金融》2019 年第 23 期。

[4] 张超：《证券型通证发行的法律性质与监管范式转变——以美国数字资产投资合同分析框架为视角》，载《财经法学》2020 年第 1 期。

[5] 赵磊：《证券交易中的信用机制——从中央存管（CSD）到分布式账本（DLT）》，载《财经法学》2019 年第 3 期。

---

① ［法］普里马韦拉·德·菲利皮、［美］亚伦·赖特著，卫东亮译：《监管区块链：代码之治》，中信出版社 2019 年版，第 98 页。

［6］Jeanne L. Schroeder. Bitcoin and the Uniform Commercial Code. The University of Miami Business Law Review，2016，24.

［7］Levitin A. J.. Response：The Tenuous Case for Derivatives Clearinghouses. The Social Science Electronic Publishing，2012，101.

分报告一

数字证券的内涵与外延*

摘　要: 发展数字证券是数字经济背景下产业数字化的必然趋势，因此，即使数字证券尚未被我国《证券法》纳入调整范围，但也应当从学理的视角对数字证券展开研究。通过借鉴美国司法实践中对证券以及数字证券认定的经验，数字证券应当具有数字性、投资性、共同性与风险裸露性。数字性是数字证券区别于传统证券之根本，而投资性、共同性与风险裸露性则是传统证券特性在数字证券中的反映。研究数字证券的外延，需要从通证证券化与证券通证化两个角度出发，通证证券化体现了数字证券发展的自发性，这是区块链或分布式账本技术倡导的去中心化的结果；证券通证化则是将数字技术应用于新型金融市场基础设施的建设，推动传统证券业的转型。

关键词: 数字证券　豪威测试　证券型通证　证券通证化

---

　*　本分报告由邢会强、王东执笔完成。邢会强，法学博士，中央财经大学法学院教授、博士生导师；王东，中央财经大学法学院金融法学博士生，中央财经大学金融服务法研究中心研究人员。安秀梅、戴韩、曹元等参与本报告的讨论。

如何界定数字证券，是《蓝皮书》研究的首要问题，也是各分报告展开研究的基础。剖析数字证券的概念，既要关注其数字特性，也要认识到其证券本质。数字证券事实上是立"数字"为据，是基于数字技术即分布式账本或智能合约技术而形成的表彰具有财产价值的权利凭证，其表现形式包括通证证券化与证券通证化。其中，证券通证化为我国数字证券合规化提供合理的路径，即发掘分布式账本或智能合约技术用以建设新型金融市场基础设施，在不突破现行法律框架下开放数字证券市场，并逐步探索数字资产交易所的设立。

一、数字证券内涵的界定

数字证券的概念是相对于传统的证券而言的，与传统证券，如股票、债券等证券种类相比，其本质区别在于发行形式的变化。数字证券采取的是数字化形式来发行证券，不同于传统的纸质证券、电子证券。

数字证券，可以视为证券电子化之后的再一次技术变革。荷兰东印度公司是世界上最早发行股票的公司，迄今为止发现的世界上最古老的股票于 1606 年 9 月 9 日发行，这张股票凭证记载了荷兰东印度公司的分红信息[①]。早期的证券以立字为据，证券的交易伴随着实物券的交换，涉及印制、储藏、运输、交付、盖章、背书等一系列操作，步骤多，流程长，效率低[②]。但由于证券交易量极速增长，传统的纸质作业愈来愈捉襟见肘，导致大量订单积压。随着证券存管机构的发展与计算机存储和通信技术的

[①] 潘治：《荷兰发现世上最古老股票 东印度公司 1606 年发行》，中国新闻网，2021 年 9 月 10 日。

[②] 姚前：《区块链技术与新型金融基础设施变革》，载《当代金融家》2021 年第 9 期，第 105 页。

成熟，证券存管机构可以通过电子账户来记录证券持有人的权益变动，实现证券的无纸化。我国自 1991 年始，上海交易所（以下简称"上交所"）成立之初就开始推行证券无纸化，电子证券发展处于国际领先地位。

随着区块链或分布式账本技术的成熟，其在金融领域的应用逐渐被人们进行开发，尤其在证券登记、流转方面区块链技术彰显出独特的优势，使得电子证券的发行与交易程序得到再次精简：借助公私钥密码学，投资者可以在区块链上创建个人账户参与证券交易，而无须在特定的中心机构开户，并且原则上不会受到他方的干涉；分布式账本也可以取代传统证券中第三方簿记的形式，使每个投资者都有一个账本，且账本信心公开、透明，为区块链上的所有用户一起共享。区块链或者分布式账本技术可以简化证券交易的结算和清算，从底层基础数据结构为证券带来新变革与新机遇，但数字证券的产生，并非像电子证券取代纸质证券那样仅仅是形式上的变化，因为区块链或分布式账本技术提供的不是简单的记账与数据存储功能，它可以依赖智能合约完整地完成全部证券发行与交易的过程，其本身可以形成独自的生态与治理体系。一直以来，对证券下定义是非常困难的，各国证券立法中对证券大多采取的是列举的方式，例如我国现行《证券法》第二条明确证券的范围包括股票、公司债券与存托凭证，具有证券性质的政府债券、证券投资基金份额、资产支持证券、资产管理产品也受《证券法》的调整。数字证券作为新兴的产品，目前未被我国《证券法》纳入调整范围，但国际监管导向是将数字证券，尤其是证券型通证作为具有证券属性的产品而由证券法规制。为了更好地研究数字证券，对数字证券作出概括性的定义是研究其本质的重要方法与路径，也是本蓝皮书要解决的先决性问题。

（一）美国实践中对证券认定的经验

美国是世界上公认的资本市场最发达的国家，其对资本市场中很多问题的处理在全球范围内都具有参考性，其中最典型的就包括对证券定义的理解。

美国《1933 年证券法》第 2 条（a）款第（1）项规定："证券"一词系指任何票据、股票、库存股票、债券、公司信用债券、债务凭证、盈利分享协议下的权益证书或参与证书、以证券作抵押的信用证书、组建前证书或认购书、可转让股票、投资合同、股权信托证、证券存款单、石油、煤气或其他矿产小额利息滚存权，或一般来说，被普遍认为是"证券"的任何权益和票据，或上述任一种证券的权益或参与证书、暂时或临时证书、收据、担保证书，或认股证书或订购权或购买权①。美国《1933 年证券法》认定投资合同（investment contract）也是证券，但该法并没有直接界定投资合同。早期，美国法院在认定一个工具是否属于《1933 年证券法》中"证券"下的"投资合同"时，以其是否是以交易的名义或方式，或者是否作为众所周知的一个证券的形式的任何利息或工具来进行公开发行或交易为标准②。1946 年，SEC. v. W. J. Howey Co. 案推翻了以"商业属性"标准，并建立了识别"投资合同"的四项标准：（1）必须是资金投资；（2）必须投资于共同的事业；（3）目的是获取利润；（4）该利润仅依靠他人的努力③。这被用来测试一个工具是否是"投资合同"的标准，就是著名的"豪威测试"（howey test）。判断一个工具为什么需要受到证券法的规制，在于证券发行或交易体现的是投资者与融资者之间的融资关系。与一般商品不同，一般商品的买卖关系体现为消费者与经营者之间的消费关系，受到民法和消费者保护法的调整，而融资关系除了受一般民法的调整之外，也要受到证券法的特别规制。因此，"豪威测试"确立了认定一个工具属于"投资合同"时，必须满足"投资性"标准，即投资者具有获取利润的动机。证券的投资性，是与商品的消费性区分的。

---

① Securities Act of 1933 § 2 (a) (1).
② SEC. V. C. M. Joiner Corp., 320 U. S. 344 (1943).
③ SEC v. W. J. Howey Co. 66 S. Ct. 1100 (1946).

在具有投资性的基础上，豪威测试还确立了证券须是"投资于共同的事业"，这体现了证券的"横向共同性"；另外，投资者期待获取的利润"仅依靠他人的努力"，这是证券的"纵向共同性"。横向共同性表现为投资者们之间将资金汇聚于共同的项目，纵向共同性则关注的是投资者与发行人之间的纵向关系。横向共同性也体现为证券的流动性，证券作为一项投资工具，应当具有通常交易的特征，可以拆分或者转让的方式进行公开交易。在这一点上，1982 年的 Marine Bank v. Weaver 案具有里程碑意义。本案中，自然人韦弗（Weaver）为哥伦布公司向海运银行（Marine Bank）提供存款单作为质押担保。作为对价，韦弗与哥伦布公司的两个业主协议约定韦弗在担保期间有权分享哥伦布公司 50% 的净利润和得到每月 100 美元的付款，有权使用哥伦布公司的仓库和牧场，并有权投票决定哥伦布公司是否继续向海运银行借款。本案中的一个争议焦点是韦弗与哥伦布公司的协议是否属于"证券"，对此，法院认为哥伦布公司并未向韦弗或其他潜在投资者发布招股书，所涉协议是经过具体协商的，且无意公开交易，不足以构成证券①。因此，一项工具要成为证券，那必然要具有流动的可能性，是可以对外拆分转让的。

豪威测试在对"投资合同"的概括性界定时体现了巨大的智慧，将证券这类靠他人的资金实现融资并以利润回馈作为对价的抽象概念，具化为可操作、可识别的标准，在美国实务界与理论界中得到广泛的推广。但是，豪威测试是否可以应对所有检验一项工具是否是证券的场合，需要经得住实践的一次次推演与推敲。

"作为整体的法律要求法官对政治结构的巨大网络中的任何部分以及社会的判决所作出的阐释加以检验，阐明它们是否能够成为证明整个系统为正确的前后一致的理论的一部分。"② 美国证监会与其他金融监管机构之间

---

① Marine Bank v. Weaver, 455 U. S. 551, 557 n. 5 (1982).
② ［美］德沃金著，李常青译：《法律帝国》，中国大百科全书出版社 1996 年版，第 219 页。

存在职能分工，这使美国法官逐渐开始认识到认定证券时需要考虑该项工具是否实际需要证券法的特别调整。例如，企业年金计划是否是证券的问题。在 1979 年的 International Brotherhood of Teamsters v. Daniel 案中，美国联邦最高法院在判决中提到，雇主全额负担的、强制的年金计划没有适用于《1933 年证券法》和《1934 年证券交易法》的必要性，因为《1974 年雇员退休收入保障法》全面规定了雇员年金计划的使用和监管，雇员通过《1933 年证券法》和《1934 年证券交易法》可能获得的任何形式的好处现在都由《1974 年雇员退休收入保障法》以更为明确的形式来提供，所以企业年金计划不属于证券①。

更为典型的是对银行存款单是否是证券的讨论。银行存款单形式上完全符合豪威测试的四项标准，具有投资性，并且投资者期待依赖银行的努力获取利息利润，不过在 1982 年的 Marine Bank v. Weaver 案中，美国联邦最高法院推翻了二审法院将银行存款单认定为证券的结论，原因在于银行存款单是由受联邦监管的银行发行的，该银行全面地受银行业法规的系列监管，该存款需要遵守联邦银行法关于存款准备、报告和检查等方面的要求。并且，存款还获得了联邦存款保险公司的保障，存款人不具有损失本金的风险，无须再受到证券法上反欺诈制度的规制②。因此，判断产品是否是证券时，还需要判断是否有其他保护投资者的替代方案以至于使证券法的适用不再必要③。这一原则在 1990 年的 Reves v. Ernst & Young 案中再次被确认，也就是"里夫斯测试"（reves test）中的第四项标准——有无其他另一范体系的存在以降低投资的损失风险。无，则是证券④。

至此，美国实践中对投资合同的界定标准已经十分明朗，证券应当具

---

① International Brotherhood of Teamsters v. Daniel, 439 U. S. , 1979：569 – 570.

② Marine Bank v. Weaver, 455 U. S. , 1982：558 – 559.

③ James D. Gordon III, Defining a Common Enterprise in Investment Contracts, 72 Ohio St. L. J. , 2011：71.

④ Reves v. Ernst & Young, 494 U. S. 67, 70（1990）.

有投资性、共同性与风险未受规制性。其中，共同性包括横向流动性，要求证券是可拆分可转让的，也包括纵向共同性，即投资者期待获取的利润依赖于他人的努力。

在数字证券时代，如何界定一项基于区块链技术而发行的产品是否属于证券法监管的范畴，美国证监会在监管数字通证发行与交易的过程中，同样使用"投资合同"的分析方式来确定数字资产这一特殊的、新型的工具或模式是否是受联邦证券法管辖的证券，并再次重申了豪威测试在认定证券中的核心地位。

2017 年 7 月 25 日，美国证监会发布了《根据〈1934 年证券交易法〉第 21 条（a）款对 DAO 组织的调查报告》（以下简称《DAO 调查报告》）。DAO（decentralized autonomous organization）是去中心自治组织实体这一概念的初代实现结果，该组织尝试创建"众筹契约"为加密空间中的公司募集资金①。DAO 是一种以营利为目的的去中心化自治组织实体，参与者可发送以太币至 DAO 组织来购买 DAO 通证，DAO 则赋予参与者投票权和获取利润的权利。《DAO 调查报告》指出证券法的基本原则适用于使用分布式账本技术的虚拟组织或集资体，并最终认定 DAO 通证是证券，若无有效豁免，发行者发行和销售该通证应当注册。《DAO 调查报告》认定 DAO 通证是证券的主要思路如下②：

（1）DAO 的投资者有资金投入。在认定一项工具是否为投资合同时，投资者所投入的"资金"未必是现金形式。DAO 投资者用以太币进行投资，可以构成投资合同的一种出资形式。

（2）有合理的收益预期。购买 DAO 通证的投资者投资于共同事业，他

---

① Christoph Jentzsch. The History of the DAO and Lessons Learned, SLOCK. IT BLOG, 2016.

② SEC：Report of Investigation Pursuant to Section 21 （a）of the Securities Exchange Act of 1934：The DAO, Release No. 81207, July 25, 2017.

们将以太币发送给 DAO 的以太坊区块链地址以换取 DAO 通证，并对通过该项目获得收益存在合理预期。DAO 是一种以营利为目的的组织，其目的是投资项目获取投资收益，其中收益包括股利、红利、其他定期回报，或者增长的投资价值。

（3）通过他人的管理努力。首先，Slock.it、Slock.it 联合创始人及 DAO 管理员的努力是项目的关键。投资者的收益是通过他人的努力经营管理获得的。在 DAO 组织中，Slock.it、Slock.it 联合创始人及 DAO 管理员对项目成败有重大影响。管理员具有相当大的权力，包括审查订约人、决定是否以及何时将提案送交投票、决定提交投票的提案顺序和频率，以及决定是否将某些提案投票所需的法定人数减半。其次，DAO 通证持有者仅具有受限的投票权。DAO 通证持有者有投票权不等于其能控制项目，因为 DAO 通证持有者的投票很可能是敷衍了事，且 DAO 通证持有者很分散且其相互之间的沟通受限，其获取利润实际上还是依赖于 Slock.it、Slock.it 联合创始人及 DAO 管理员的勤勉管理。

基于美国证监会实践中的一系列执法活动经验，2019 年 4 月 3 日，美国证监会发布了《数字资产"投资合同"的框架分析》（以下简称《框架分析》）。《框架分析》提供了一个分析数字资产是否为一个投资合同，以及数字资产的发行和销售是否构成证券交易的框架，指出当投资者出资于共同事业，并且合理的期望从他人的努力中获得利润时，就构成了一个"投资合同"。同时，豪威测试的重点不仅在于数字资产本身的形式和条款，还在于数字资产的环境以及发行、出售或转售的方式，其中包括二级市场销售。《框架分析》表示一种数字资产在发行和销售时是否满足豪威测试，这取决于特别的事实和环境，并对判断是否存在"期待依赖他人努力而获得利益"应考量因素进行全面详细列举，包括投资者会合理地期望通过积极参与者的努力促进自身利益并提升网络或数字资产的价值，而积极参与者在决定或行使关于数字资产所代表的网络或特征或权利的判断方面具有持续的管理角色，并且数字资产可以在二级市场或平台上转让或交易，或者预计在未来转让或交易，使持有者获取收入或利润或实现数字资产资本增值收益①。

美国实践对证券以及数字证券的界定已形成成熟且体系化的经验，对如何定义数字证券以及识别数字资产是否属于证券具有借鉴性。

（二）《蓝皮书》对数字证券的定义

数字证券，是在分布式账本技术或基于分布式账本智能合约的基础上，投资者为了获得利润进行共同投资而取得的可拆分可转让的代表投资性权益的凭证。数字证券一方面依靠数字化技术来实现发行与交易，另一方面又具有传统的证券特性。

第一，数字证券是通过分布式账本技术②或基于分布式账本上的智能合约而实现发行与交易的通证，其数字证券有别于电子证券，电子证券是在纸质证券基础上的电子化延伸，与传统证券只是在证券形式上的进化，并没有本质差别，而数字证券是对传统证券在发行方式乃至产品性质上发展出的技术革新。基于去中心化账本的技术平台，数字证券的发行和流转可以在无须中心机构的情况下被信任。这种信任包含三个方面：（1）账户状态和交易记录是透明的，它在任一时刻都是唯一确定的。梅克尔树数据结构确保了整体账户的状态和交易记录是易于同步的且特定账户状态或特定交易是易于查询和验证的。（2）非对称密码学中的数字签名技术确保只有数字证券的所有者有权利转移对应数字证券的所有权。（3）去中心化的

---

① Statement on "Framework for 'Investment Contract' Analysis of Digital Assets", United States – SEC, 2019.

② 本蓝皮书对数字证券的定义之所以用分布式账本的表述，而不是区块链，是因为前者有更大的技术包容性，并且正在被多国监管部门使用。

竞争记账机制确保所有符合规则的交易（只要附加了相应的手续费）都将会被记录且体现在账本的变动中。在信任的基础下，数字证券可以通过智能合约，一方面可以构造复杂的衍生品满足更多样化的需求，另一方面可以设置规则自动兑现证券的部分或全部权益。

第二，投资者进行资金投资的目的是为了获取利润。数字证券具有投资性，仅以消费为目的的资金投入不属于数字证券的范围。以比特币为代表的支付型通证不具有证券属性，原因在于支付型货币主要用在产品或者服务的交换场合，尽管在区块链系统中矿工通过一定的劳动投入可以获得数字货币奖励（利润），但整个过程不具有投资性，故支付型通证不属于数字证券。此外，投资者大多对共同投资的项目成为数字证券有着合理期待。在 ICO 项目中，项目发起人通常企图将代币认定为对应创业项目的产品或服务使用权，然而投资者投资的目的并非是获得兑现相关产品或服务使用权的数字代币，而是希望在获得数字代币后期待其市场价格上涨并在虚拟货币交易平台交易获利[1]。ICO 具有投资合同的性质，应当纳入证券法的监管。

第三，投资者共同投资了数字证券，且该数字证券可拆分可转让。投资者投资于共同的事业，表现为证券的横向共同性。横向共同性包括潜在的横向共同性，即当某数字化金融产品即使只有一个投资者时，投资者的权益只要是可拆分可转让的便也具有横向共同性[2]。横向共同性的要求是数字证券具有流动的可能性，若通证不具有流动性与涉众性，则该通证无须证券法的特别保护，也就不属于数字证券[3]。

第四，投资者通过投资获得的利润主要依靠发起人或者第三人的经营

---

① 邓建鹏、孙朋磊：《区块链国际监管与合规应对》，机械工业出版社 2019 年版，第 26 页。

② 邢会强：《证券法学》（第二版），中国人民大学出版社 2020 年版，第 5 页。

③ 邢会强：《我国〈证券法〉上证券概念的扩大及其边界》，载《中国法学》2019 年第 1 期，第 248 页。

努力。发起人或第三人，甚至项目成员的共同努力在投资过程中不可或缺，表现为证券的纵向共同性。在通证证券化中，证券型通证的认购投资者获得的利润离不开发起人的经营努力，因此证券型通证是典型的数字证券，需要受到证券法的监管；而效用型通证在投资者认购发起人发行的通证后可即时享有产品或者服务，并不能体现投资者可以基于发起人或第三人的专长努力获得利润，因此，尽管效用型通证的发行模式与证券型通证相似，但不具有纵向共同性，那么也不属于数字证券的范围。

第五，不存在其他金融监管或者技术手段为数字证券已经实施了同等的投资者保护水平[①]，即数字证券的风险未受规制性。任何投资都存在投资者损失本金的风险，若存在其他规范体系或技术可以降低投资者的损失风险，那么便不具有证券属性。只有投资者的损失风险未被其他法律安排或者技术手段回避，才有证券法给予特别保护的必要性。例如，银行存款单上权益的实现已完全受到了银行业法规的保障与规制，无须让发行人再承担证券法上的反欺诈责任[②]。同样，区块链技术为交付型通证的发行与交易的公开透明提供了保证，在"买者自负"的投资原则下，交付型通证的发行与交易不存在信息不对称，在特定技术手段已经提供足够保护的情形下，无须证券法的披露制度为投资者的损失风险进行规制，因此不属于数字证券的范围。

需要说明的是，《蓝皮书》在界定数字证券时参考了美国司法实践中发展出来的"豪威测试"（howey test）标准和"里夫斯测试"（reves test）标准。"豪威测试""里夫斯测试"的部分标准在认定项目是否为数字证券时仍具有实用性，例如目前集中在游戏、加密艺术品、收藏品等领域的非同质化通证（non-fungible token，NFT）因为具有独一无二的特征而不可拆分，其本身不属于证券，这与豪威测试、里夫斯测试所要求的"投资性"

---

① Reves v. Ernst & Young, 494 U. S. 67, 70 (1990).

② Marine Bank v. Weaver, 455 U. S. 558－559 (1982).

前提——证券具有可流动的可能，是契合的。但若将 NFT 的所有权拆分若干份，例如新加坡的 NIFTEX 和 polyent Games，将一个 NFT 转换成数千个常规的、可替换的 ERC－20 代币，并可以将这些代币嵌入到 DeFi 智能合约中获取利润，那么 NFT 拆分或组合后出售便具有了成为证券的可能。

尽管《蓝皮书》参考了美国司法中的实践标准，但也会有所不同。例如"豪威测试"在 DAO 组织中会存在一定标准的失灵，主要体现为标准的第 4 条，即"利润仅依靠他人的努力"。DAO 去中心化的自治组织，是通过一系列公开公正的规则，可以在无人干预和管理的情况下自主运行的组织机构。这些规则往往会以开源算法的形式出现，每个人可以通过购买股份或者提供服务的形式获得股份，成为公司的股东。机构的股东将可以分享机构的收益，参与机构成长，并且参与机构的运营。美国法院认定传统证券中所以提出"利润仅依靠他人的努力"的标准，是因为在"共同事业"的场景下，由于个体进行尽职调查和沟通的成本较高，单个投资者没有动力通过与其他投资者协调来获取信息，也无法阻止集体和项目发起方进行谈判，因此投资人只能完全依赖发起方获得收益，发起方在项目中具有举足轻重的作用，与投资人之间形成不平等的地位。但在 DAO 组织中，发起人和投资人的角色地位平等起来，通过开源的智能合约算法、区块链浏览器，发起人和投资人的信息差、权力差几乎抹平，因此投资人往往也会成为项目的劳务贡献人。在此基础上，本书认为，认定数字证券需要判断发起人对利润的实现是否付出主要努力。即便投资者可能为项目的成功付出一定劳动，但只要发起人的努力对利润的实现不可或缺，便可满足此要件。即使在例如 DAO 组织中投资者获取利润的方式有赖于组织成员（包括投资者本人）的共同经营努力，但在 DAO 组织这种技术安排的特定场合下，实现利润的方式并不会推翻项目具有投资性这一定性，那么便不会排除 DAO 通证具有证券属性。

具体来看，持有 DAO 通证的投资者，都可以通过智能合约向 DAO 提交项目投标，包括项目的描述和所需以太币的数量，来发起募集资金。收到有效的投标后，DAO 通证持有者可以通过底层智能合约，就是否资助该项目进行表决。如果项目被 DAO 通证持有者批准，则通过另一个智能合约将项目与 DAO 绑定，并由 DAO 根据项目的进展程度向项目的创建者汇款。之后，这一被绑定的智能合约会将项目获得的以太币支付给 DAO，并由 DAO 将其中的收益和利润，重新按比例分配给 DAO 通证的持有者①。DAO 通证除了具有效用性，更主要的是可以使用智能合约将利润分配给持有者，具有投资性。

效用型通证本质上则主要是功能性的。例如 Status 平台中用户可以用 SNT 购买平台的高级功能，同时 SNT 的持有者享有投票权，可以投票决定如何管理和发展这一平台②。但是 SNT 本质上是用以获取产品或服务的，通证持有者本身也不会因投票权参与平台的治理而获得利润，难以认定其具有投资性，这与 DAO 通证可以通过智能合约得到利润分配的不同。

综上所述，基于以分布式账本技术完成证券登记、以智能合约形式而实现证券自动结算是数字证券得以"数字化"的基础前提。数字证券之所以是证券，是因为具有"投资性"的本质，与仅作为产品或服务支付手段的消费应严格区分。"横向共同性"与"纵向共同性"是一个项目具有投资性的两种表现形式，即可以以该项目可否能够拆分转让、是否依赖特定的经营努力获取利润来判断是否具有"投资性"。在此之外，不存在降低投资者风险损失的另一制度或技术安排，那么便可认定项目属于需要《证券法》进行特别规制的证券范围。

我国《证券法》（2019 年修订）第二条对证券的范围进行了列举，"在中华人民共和国境内，股票、公司债券、存托凭证和国务院依法认定的其

---

① Christopher Jentzsch，"Decentralized Autonomous Organization to Automate Governance". DAO 白皮书官方网站。

② The Status Network. A Strategy towards Mass Adoption of Ethereum. June 15，2017.

他证券的发行和交易，适用本法；本法未规定的，适用《中华人民共和国公司法》和其他法律、行政法规的规定。政府债券、证券投资基金份额的上市交易，适用本法；其他法律、行政法规另有规定的，适用其规定。资产支持证券、资产管理产品发行、交易的管理办法，由国务院依照本法的原则规定。"我国《证券法》对证券的定义主要是立法列举的模式，《证券法》的修改在一定程度上扩大了证券的范围，但仍然较窄，在数字化技术快速发展的现状下，证券范围过于狭窄将束缚科技创新。相比于我国的证券定义模式，美国采取的是"立法列举 + 司法认定"模式，美国在《1933年证券法》《1934 年证券交易法》对证券进行定义的基础上，还通过司法演进出"豪威测试""里夫斯测试"等证券识别标准。

数字证券的发展势不可挡，中国应当积极面对数字化时代的到来，在目前《证券法》立法现状之下，可以通过"试点"模式以行政认定的方式，或者采取司法认定模式将数字证券纳入证券的范围中来。

二、数字证券外延的廓清

在判断一项数字资产或数字通证是否属于证券，并接受证券法的特别规制时，应当考虑该资本是否具有投资性、共同性以及可能丧失本金的风险裸露性，通过探求数字证券受规制的内核与特殊机制，来界定数字证券的内涵。但数字证券很难说是一个确定性的概念，随着区块链技术在金融领域的广泛应用，其概念外延也在不断发展。

目前，数字证券领域深受关注的是类型和证券型通证，其发行被称作证券型通证发行（securities tokens offerings，STO）。证券型通证的概念是与支付型通证、效用型通证相区别的，通常在支持 STO 的国家或地区中仅将证券型通证纳入证券法的监管范畴中。不过支付型通证、效用型通证是否一定不属于证券，学界尚没有绝对的定论，当然，若支付型通证、效用型通证也可以通过豪威测试判断关于投资合同认定的标准时，也应当接受证券法的规制。证券型通证是基于区块链或分布式记账技术，对物权、债权、知识产权、股权及其他财产性权利等底层资产进行确权，并可实现流动转让而形成的凭证，其中财产性权利包括对加密货币享有的财产权。市场上已经出现的证券型通证包括股票型通证①、资产支持通证②、风险投资基金型通证③、加密债券等，前文讨论过的 DAO 通证以及收藏品等固定资产领域的 NFT 都属于证券型通证，需要接受证券法中反欺诈与信息披露的规制。

证券型通证发行的发行模式也被称为通证证券化，是指通过"首次代币发行"（ICO）的融资方式发行的具有法定证券属性通证的模式④，也是目前市场中主要的数字证券表现形式。之所以谈及证券的数字化，与电子证券实现无纸化发行与交易的过程不能完全等同，是因为数字证券这一概念不仅意味着如同电子证券一般只是一种分类层面上的用语，而恰恰相反，在区块链技术的快速推动下，其形成了证券型通证这一区块链与通证发行交易天然结合的新型证券种类。前文对数字证券内涵的界定也正是从法律意义上的产品的视角来下定义的。数字证券与电子证券的产生逻辑具有不同，数字证券的兴起具有自发性，而电子证券的产品是为了变革纸质交易的繁杂发展出来的基于新型金融基础设施上的证券概念。因此，往往在讨论数字证券时，并不会将底层的区块链技术与在链上发行交易的通证剥离看待，二者结合构成数字证券这一新兴金融产品的整体；而电子证券只是

---

① 股票型通证是指区块链上发行类似于股票的通证，例如 Lottery. com、Siafunds、Anexio 等项目。

② 资产支持通证能够将不具有现实分割性的固定资产细分为若干链上份额，例如 Slice、Property Coin 等。

③ 例如 BCap、Science blockchain、SPiCE VC、22X Fund 等项目。

④ 柯达：《区块链数字货币的证券法律属性研究——兼论我国〈证券法〉证券定义的完善》，载《金融监管研究》2020 年第 6 期，第 23 页。

将由计算机存储和通信技术支持的中央证券存管、证券结算系统、中央对手方、支付系统作为金融基础设施看待。

但是，对比证券电子化的过程，可以为我们提供证券发行的新思路，即以区块链或者分布式账本技术建设证券发行的新型金融市场基础设施，实现证券通证化。基于区块链的新型金融基础设施也受到了证券业的广泛关注。比如，澳大利亚证券交易所计划采用基于区块链技术的系统取代现有的电子结算系统。瑞士证券交易所提出了建立基于区块链技术的数字资产交易所；美国证券存托与结算公司开展了基于区块链的证券回购交易后处理试验；德国的国家区块链战略则提出从数字债券入手，推动基于区块链技术的证券发行和交易①。我国在金融领域也有类似实践，2018 年 11 月，中国工商银行通过创新多级供应商保理产品，成功发放首笔数字信用凭据融资，为产业链末端的小微企业提供在线保理融资。数字信用凭据是指以供应链中核心企业对一级供应商的付款确认书为基础，采用区块链技术，由买方在工商银行或工商银行认可的联盟机构平台签发，并以数据电文方式记录的应付债务信用凭据，并随产业链贸易流向上游逆向流转，产业链上任一供应商可凭债务数字凭据随时向工商银行申请保理业务②。有学者认为，在数字信用凭据中涉及资金流转的凭证，从技术角度而言应当属于证券型通证③。但实质上，用以申请保理业务的信用凭据很难说具有流动性，所以不一定属于证券，但将区块链技术作为金融基础设施应用到证券业是很好的尝试，而这种尝试不代表着要像电子证券取代纸质证券那样，要取代现行的证券发行与交易模式。

---

① 姚前：《区块链技术与新型金融基础设施变革》，载《当代金融家》2021 年第 9 期，第 107 页。

② 彭扬：《工商银行成功发放首笔数字信用凭据融资》，中国证券报—中证网，2018 年 11 月 20 日。

③ 张超：《证券型通证发行的法律性质与监管范式转变——以美国数字资产投资合同分析框架为视角》，载《财经法学》2020 年第 1 期，第 98 页。

证券通证化与通证证券化，一个是类型化的概念，另一个是产品或者工具化的概念，两者均可视为数字证券的范畴，构成周延的数字证券概念。不过，随着各国监管政策不断包容，过于严格地区分两种可能并不具有突出的意义，因为一旦广泛应用，两种概念会逐渐融合。但在目前发展数字证券尚未成为大趋势的现状下，区分两者概念具有合规上的价值。因为证券通证化是将区块链作为金融市场基础设施看待，将区块链作为底层技术为证券的发行、交易全过程提供登记、流转的运行基础，没有根本打破现行证券法规制范围的框架。

三、本书中数字证券的研究口径

数字经济是由区块链、物联网、大数据、人工智能以及 5G 通信等数字技术来共同引导资源发挥作用，并推动生产力发展的经济形态。数字证券的研究正是在数字经济的大背景下开展的。

2021 年 10 月 18 日，中共中央政治局就推动我国数字经济健康发展进行第三十四次集体学习。中共中央总书记习近平在主持学习时强调，近年来，互联网、大数据、云计算、人工智能、区块链等技术加速创新，日益融入经济社会发展各领域全过程，数字经济发展速度之快、辐射范围之广、影响程度之深前所未有，正在成为重组全球要素资源、重塑全球经济结构、改变全球竞争格局的关键力量。要站在中华民族伟大复兴战略全局和世界百年未有之大变局的高度，统筹国内国际两个大局、发展安全两件大事，充分发挥海量数据和丰富应用场景优势，促进数字技术与实体经济深度融合，赋能传统产业转型升级，催生新产业新业态新模式，不断做强做优做大我国数字经济①。

---

① 《习近平在中共中央政治局第三十四次集体学习时强调把握数字经济发展趋势和规律推动我国数字经济健康发展》，央视网，2021 年 10 月 19 日。

目前，我国《证券法》的调整范围并不包括数字证券，因此在国内开展 ICO、STO 项目均涉嫌 "非法金融活动"，从这种意义上来看，《蓝皮书》所讨论的数字证券更多的是一种学理上的概念。但这样的讨论并非是 "超纲" 的，反而在数字经济背景下，具有推动与加速证券业数字化转型的必要性。《蓝皮书》是基于发展数字经济的前瞻性视角，对数字证券的概念做实质解释，剖析其特征、本质，为厘清数字证券的 "是" 与 "非" 建构清晰的理论框架，同时体现了国际视角与战略高度。

《蓝皮书》并不主张在界定数字证券时区别出广义的数字证券与狭义的数字证券，因为这样反而增加了概念的模糊性，且广义与狭义之间的区分也具有模糊性。《蓝皮书》在界定数字证券所把握的基本标准其实是数字证券有别于传统证券的数字性、作为权利凭证的基本属性以及应受监管性。

发展数字经济是把握新一轮科技革命和产业变革新机遇的战略选择，将数字技术应用到证券产业将是最受关注与期待的产业变革。尽管《蓝皮书》不对数字证券作广义解释，但随着区块链技术与金融行业的不断融合，赋能实体产业，对数字证券的讨论必然无法完全脱离数字经济与数字金融的背景。为了充分展示数字经济背景下，数字技术在金融改革领域的深入推进以及多层次资本市场体系中的建设，《蓝皮书》对数字证券的研究视角将放大到数字经济背景下的金融业领域，从以区块链技术为代表数字技术在金融业的快速发展和广泛应用，来循序渐进地展开对数字证券生态、发展与治理问题。具体而言，《蓝皮书》"分报告二——数字科技背景下的证券行业数字化转型研究" 将会站在证券业数字化转型的转型的视角来看待数字技术对现代证券行业的优化与可能存在风险及其防范，并对数字证券的规范形成一个框架性的思路。《蓝皮书》其他各分报告则围绕作为权利性凭证的数字证券概念进行开展，在整体上形成 "总—分" 的研究结构。

参考文献：

［1］邓建鹏、孙朋磊著：《区块链国际监管与合规应对》，机械工业出版社 2019 年版。

［2］柯达：《区块链数字货币的证券法律属性研究——兼论我国〈证券法〉证券定义的完善》，载《金融监管研究》2020 年第 6 期。

［3］邢会强：《我国〈证券法〉上证券概念的扩大及其边界》，载《中国法学》2019 年第 1 期。

［4］邢会强：《证券法学》（第二版），中国人民大学出版社 2020 年版。

［5］姚前：《区块链技术与新型金融基础设施变革》，载《当代金融家》2021 年第 9 期。

［6］张超：《证券型通证发行的法律性质与监管范式转变——以美国数字资产投资合同分析框架为视角》，载《财经法学》2020 年第 1 期。

［7］James D. Gordon Ⅲ. Defining a Common Enterprise in Investment Contracts, 72 Ohio St. L. J., 2011.

［8］Kyle M. Globerman. The Elusive and Changing Definition of a Security: One Test Fits All, 51 Fla. L. Rev., 1999.

［9］Ronald J. Coffey. The Economic Realities of a "Security": Is There a More Meaningful Formula? 18 W. RES. L. REV., 1967.

分报告二

数字科技背景下的证券行业数字化转型研究*

摘 要： 我国证券行业发展始于20世纪80年代，历经近40年的发展，特别是随着金融改革深入推进以及多层次资本市场体系日益完善，我国证券行业取得了巨大的发展成就。但不可否认的是，与发达国家相比较，我国证券行业还存在诸多亟待解决的"痛点"问题，成为证券行业健康有序发展的桎梏。随着以大数据、云计算、人工智能、区块链为代表的数字科技在金融业的快速发展和广泛应用，对于促进金融普惠发展大有裨益，同时也给整个证券行业数字化转型提供了强力的技术支撑。一方面，数字化转型对于缓解证券行业痛点，促进证券行业快速健康发展，引领证券行业变革发展有一定的积极意义。另一方面，我国证券行业数字化转型仍处于起步阶段，配套监管制度仍有待进一步完善，证券行业应加强自律，在保障金融服务提质增效的同时，有效管控技术创新风

---

　* 本分报告由赵大伟、徐瑞慧、刘金硕执笔完成。赵大伟，男，副研究员，经济学博士，研究方向：监管科技、金融科技；徐瑞慧，女，副研究员，哲学博士，研究方向：宏观经济、金融科技；刘金硕，男，研究实习员，金融学硕士，研究方向：宏观经济、金融科技。作者均供职于中国人民银行金融研究所，本文仅代表作者本人观点，与所在单位无关。

险并维护行业持续稳定发展。

关键词： 数字科技　证券行业　数字化转型　大数据　云计算　人工智能
区块链

　　证券行业是较早运用电子化、信息化手段进行业务模式创新和运营管理改造的行业。随着以大数据、云计算、人工智能、区块链等数字科技在金融业的快速发展和广泛应用，证券行业在借鉴国外发展经验的基础上，已经开始逐步探索数字科技在产品设计、运营管理、风险控制、合规业务等领域的应用。从目前数字科技的主要应用方向来看，证券公司在智能投顾、机器人客服、量化投资、大数据分析、精准营销等领域开展了大量的探索与实践。但从总体来看，虽然我国证券行业已经开始将大数据、云计算、人工智能、区块链等数字科技导入管理和业务流程，但证券行业的数字科技运用和创新起步较晚，尚没有形成能够促进证券公司运营管理、业务创新跨越式发展的关键系统和技术应用，鉴于此，数字科技的研发与应用还有很长的路要走。

一、数字化转型的技术基础——数字科技兴起

　　21世纪以来，中国金融业进入高速发展阶段，创新金融产品和服务层出不穷，作为金融业发展的重要技术支撑的科学技术也在快速更新迭代，从目前科学技术发展与商业应用来看，以互联网、大数据、云计算、人工智能、区块链为代表的数字科技已步出发展萌芽期，正在为金融业全面数字化转型注入了全新的驱动力。

（一）大数据技术的发展和应用

1. 何谓"大数据"

对于"大数据"，不同机构的定义不尽一致，著名信息技术研究机构 Gartner 认为"大数据"是需要新处理模式才能具有更强的决策力、洞察发现力和流程优化能力来适应海量、高增长率和多样化的信息资产①；麦肯锡全球研究所认为："大数据"是一种规模大到在获取、存储、管理、分析方面大大超出了传统数据库软件工具能力范围的数据集合，具有海量的数据规模、快速的数据流转、多样的数据类型和价值密度低四大特征。2015 年 8 月，《国务院关于印发促进大数据发展行动纲要的通知》中，将大数据定义为"以容量大、类型多、存取速度快、应用价值高为主要特征的数据集合，正快速发展为对数量巨大、来源分散、格式多样的数据进行采集、存储和关联分析，从中发现新知识、创造新价值、提升新能力的新一代信息科技和服务业态。"② 从行业发展态势来看，2016～2020 年，我国大数据行业规模一直呈现增长态势，2020 年我国大数据行业规模是 2016 年的 2.35 倍。特别是 2020 年在新冠肺炎疫情对社会经济发展产生较大冲击的背景下，我国大数据行业依然增长约 23.84%（见图 2-1），预计 2021 年将继续保持快速增长势头。

大数据技术具有以下特点：一是数据分析量大。首先要明确，大数据并非一定指的是数据量大的数据，传统信息系统生成的"小数据"也是大数据分析的重要组成部分。目前，大数据的数据源主要集中于互联

---

① 孟天广、郭凤林：《大数据政治学：新信息时代的政治现象及其探析路径》，载《国外理论动态》2015 年第 1 期。
② 方贤进、肖亚飞、杨高明：《大数据及其隐私保护》，载《大数据》2017 年第 9 期。

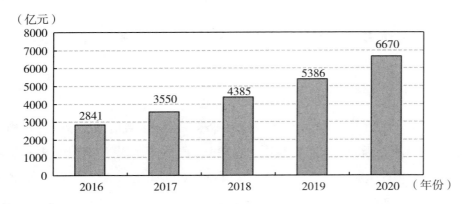

图2-1 2016～2020年中国大数据行业市场规模

资料来源：笔者根据前瞻产业研究院公开数据整理。

网、物联网和传统信息系统三个渠道，其中物联网数据的比例相对较大。二是数据分析结构复杂多样。数据类型主要包括三种，分别是结构化数据、非结构化数据和半结构化数据，多样化的数据类型使得传统的数据分析技术显得能力不足，这也是大数据技术兴起的重要原因。三是数据价值密度相对较低。相较于传统信息系统，大数据中的数据价值密度相对较低，需要更快、更方便的方式来完成数据值提取过程，这也是当前大数据平台所关注的核心竞争力之一。四是数据增长速度快。传统信息系统的数据增量一般是可预测或可控的，但大数据时代，数据增长率远超传统数据，处理能力已经超过自身的极限。数据增长是一个相对的概念。

2. 大数据技术在金融领域的应用

所谓大数据金融，主要是指金融机构基于大数据技术，通过信息化方式来处理多样化、海量的数据，将数据处理结果作为推动传统金融业务和服务的依据和动力。在实际中，虽然传统金融机构沉淀了很多支付流水数据，但是由于各部门业务分割导致很多大数据未得到充分有效利用。随着越来越多的互联网企业基于其掌握的技术和用户资源，成为开展大数据金融业务的领头羊，受此影响，传统金融机构（银行、保险、证券等行业，见图2-2）也开始加大对内部数据的整合力度，开始利用大数据技术拓展业务并开展个性化金融服务。

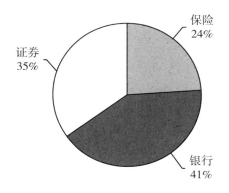

图2-2 中国金融业大数据应用结构

资料来源：笔者根据前瞻产业研究院公开数据整理。

基于大数据的深度分析挖掘，金融机构可以更了解客户，清楚认识到客户所处的生命阶段、财富阶段，从单纯捕捉客户金融行为向捕捉社交行为、生活行为转变，掌握全量客户数据，从而绘制客户动态的金融画像。同时，应用人工智能认知模型，跳出现有客户群体划分框架的束缚，从更细的颗粒度将客户群体进行细分，实现从多角度对客户群体进行分类，创造以前可能从未出现的客户群体分类，从而为不同的客户群体设计更具差异化、个性化、定制化的金融产品营销、金融资产配置、个人财富增值方案，以期满足不同客户群体的多样化需求。

（1）平台金融模式。

平台金融模式是指平台企业基于自身业务产生的大数据，通过信息化方式对大数据进行专业化处理，并以此为平台企业提供资金融通、结算等服务。平台金融模式依赖自身的交易平台，以及在交易过程中产生的数据，这些数据是平台挖掘客户需求、分析和了解客户、为客户提供金融服务的根基。金融是经营风险的活动，信用评估时控制风险的核心。在平台金融模式中，平台方通过对交易数据进行数据挖掘，能快速进行信用评价、提供授信服务，并且基于大数据的信用评估比传统方法更精确，能有效解决风险控制的问题，降低坏账率。

（2）供应链金融模式。

供应链金融模式指供应链条中的核心企业依靠着自身产业优势，凭借对供应链中上游企业、下游企业的资金、销售、采买等业务环节产生的数据和信息，基于大数据分析方法，利用自有资金或者与第三方（金融机构、其他企业）合作的方式，向上游企业、下游企业提供金融服务。供应链金融模式最早起源于19世纪的荷兰，并到20世纪末期逐渐成熟。供应链金融的起因是由于在一个完整的供应链条中，处于各个节点的企业资金状况良莠不齐，某个节点的资金匮乏可能会影响整个供应链条的效率。依托于一个实力雄厚的核心企业，为整个供应链参与者提供金融支持和服务，能满足产业链的协调发展。传统的供应链金融只针对某个特定产业的产业链条，现代供应链金融依托互联网、大数据技术，能够涵盖的范围更加广泛。例如，京东以自己掌握的各个类别、各个行业、各个地域关联企业的海量交易数据，通过数据挖掘评价企业信用、资金运用状况，以未来可获得的现金流收益为担保获得银行授信，并以此向供应商提供金融支持。在京东的供应链金融模式中，京东与银行和供应商实现了双向绑定。供应商必须与京东长期合作，才能有长久的支付、物流业务，才能有京东的授信服务，才能获得贷款，而银行业要实现对企业快速、精准的信用评价，也得依赖京东的大数据。京东通过与供应商和银行的两头合作，整合了物流、信息流、资金流，实现了三方共赢①。

---

① 张晓露、马先仙：《大数据在金融行业中的应用研究》，载《时代金融》2019年第9期。

（二）云计算的发展和应用

1. 何谓"云计算"

"云"的概念来自互联网的比喻说法，曾用来表示电信网，目前用以表示互联网和底层基础设施。从目前的研究和应用来看，美国国家标准与技术研究院（national institute of standards and technology，NIST）对云计算的定义较为权威，认为"云计算是一种模式，这种模式提供可用的、便捷的、按需的网络访问，进入可配置的计算资源共享池（资源包括网络、服务器、存储、应用软件和服务）"。从行业发展态势来看，2016～2019年，我国云计算行业规模保持增长态势，2019年我国云计算行业规模是2016年的近2.6倍（见图2-3）。

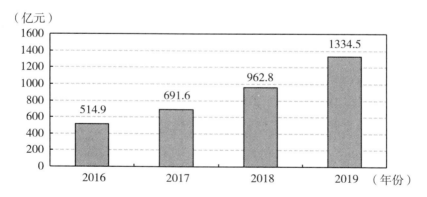

图 2 - 3　2016～2019 年中国云计算行业市场规模
资料来源：笔者根据 IDC、前瞻产业研究院公开数据整理。

云计算技术有以下特征：一是按需提供服务。在没有系统管理员的干预下，可根据客户需要，可由单个服务提供商来提供并分配计算能力（应用程序、数据存储、基础设施等）。二是便捷的可获得性。通过互联网渠道，客户可利用 PC 终端、手机终端等设备实时获得云计算服务，突破了时间和地域的限制。三是资源共享。如前所述，供应商对进入可配置的计算资源共享池的资源进行统一管理分配，这些资源对于所有客户来说是共享的，资源的放置、管理与分配策略对用户透明。所谓的资源包括存储设备、数据加工、内存、网络带宽等。四是弹性服务。供应商提供的云计算服务可根据用户实际需求、业务规模进行动态调整，避免出现因服务供需不匹配导致的资源浪费和服务质量降低等问题。五是服务可计费。云系统可对用户资源使用情况进行实时监测，可以资源实际使用量为依据向用户收费。

2. 云计算在金融领域的应用

金融云，是指面向金融机构（银行、证券、保险、信托、基金、金融租赁、互联网金融等）的业务量身定制的集互联网、行业解决方案、弹性IT 资源为一体的云计算服务。金融云基于云计算的特点和优势，将金融业的数据、客户、流程、服务及价值通过数据中心、客户端等技术手段分散到"云"中，以改善系统体验，提升运算能力、重组数据价值，为客户提供更高水平的金融服务，并同时达到降低运行成本的目的[①]。

具体而言，云计算对金融领域的重要作用体现在以下几方面：一是帮助金融机构降低 IT 成本。云计算通过虚拟技术将 IT 设备纳入计算资源共享池，并以此根据金融机构需求向其提供适当的计算能力和充足的存储空间。金融机构借此可进一步降低信息化成本，节省大量购置 IT 设备和建设场地的费用，也避免了资源浪费。二是在可靠性、可扩展性方面表现突出。传统的金融架构在稳定性方面表现突出，但在可扩展性方面差强人意，特别是在横向扩展方面表现尤为不灵活。云计算所具备的数据多副本容错、计算节点同构可互换等特点，不仅可以有效保证整个金融服务系统稳定可靠，也可以灵活实现横向扩展，通过增加资源共享池中资源的方式（如添加服

---

① 郑志来：《"互联网＋"背景下共享金融发展路径与监管研究》，载《当代经济管理》2016 年第 7 期。

务器、存储设备），来满足金融企业因业务增长升级、用户规模扩张带来的计算和存储需求。三是实现运营维护的自动化。通过设置监控程序和模块，可以在统一的云平台上对金融企业的服务器、存储设备进行自动化管理，一方面提升金融企业的 IT 能力，另一方面实现科学化、精细化管理。四是有助于提升数据管理能力。将金融机构信息系统整合在统一的云平台上，有利于统一数据标准，在物理和逻辑上消除信息孤岛，从而进一步提升金融机构管理使用数据效率，充分发挥数据作为生产要素的重要价值。

自 2008 年国际金融危机以来，云计算在金融业得以广泛运用。为应对经济环境和市场的不断变化，尤其是很多电子商务公司和 IT 公司对传统金融业务的冲击，传统金融机构也开始利用新的金融科技帮助进行金融业务创新、提升金融服务水平等，其中，许多金融机构在云计算战略制定、技术研发、业务应用等方面开展了积极的实践；部分金融机构也通过合作、外包等形式，实现了业务上"云"。将金融服务向"云"上迁移，不仅能充分利用云计算平台的超强计算能力，也能够极大减少 IT 设备购置与维护、场地建设、IT 人员招录与培训等方面的费用。更重要的是，上"云"后的业务系统可以更为高效地利用互联网上的各种云服务资源。通过合作、外包等形式将金融机构内部非核心、高成本、高运维、高人工的业务交由"云"上的资源来完成，从而进一步释放金融机构潜力，将更多时间、资金和人力资源用在金融产品创新、金融服务提质增效、完善风控管理、改善运维管理等重点领域，全面助力金融机构打造核心竞争力。

（三）人工智能的发展和应用

1. 何谓"人工智能"

人工智能是指利用计算机系统模拟人类思维和行为的技术。从目前人工智能技术在金融领域的应用实践来看，其稳定性高、决策效率高、人为干预少（有效降低操作风险和道德风险）等特点受到众多金融机构的青睐，越来越多的金融机构开始尝试将人工智能技术导入业务和管理领域。

目前，部分已成熟的人工智能技术应用，如 AlphaGo、人脸识别等，都是以解决特定问题、完成单一目的的具体应用，不能同时拥有深度（能否有效解决问题）和广度（解决哪些问题）。在大部分行业，包括金融领域，人工智能的应用程度较低，人工智能技术与特定金融场景的融合还处于早期探索阶段，目前运用在金融领域的技术主要包括机器学习、语言处理、生物识别、知识图谱等。当前，传统金融机构主要是从服务智能的角度，通过购买智能金融技术服务公司产品或与科技公司合作的方式，试图提升服务效率、体验或提高用户黏性，比如智能营销、智能投顾、智能客服和智能风控等，有点"智能"但离"人工智能"尚远，服务的深度还有待提高，从服务智能到决策智能还有很长的路要走。从行业发展态势来看（见图2-4），2016~2020年，我国人工智能行业规模发展迅速，2020年我国人工智能行业规模是2016年的5.64倍，虽然受到新冠肺炎疫情的影响，但在"在线经济""非接触""零接触"等服务模式的推动下，预计我国人工智能行业规模在2021年实现更大突破。

（亿元）

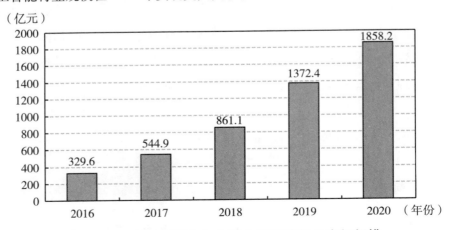

图2-4　2016~2020年中国人工智能行业市场规模

资料来源：笔者根据中国人工智能协会、前瞻产业研究院公开数据整理。

2. 人工智能在金融领域的应用

金融智能化是金融科技创新发展的必然趋势，以人工智能为核心的金融智能化代表了更高的生产效率和更广的生产要素内涵，是金融科技发展的高级形态和必然方向。人工智能产业链包含基础层、技术层、应用层三个层面。基础层的大数据、云计算等细分技术可应用于征信、保险、支付等金融细分领域；技术层的机器学习、神经网络与知识图谱可应用于金融领域的智能投顾、智能量化交易、征信反欺诈等领域，计算机视觉与生物识别技术科应用于金融领域的身份识别等领域，语音识别及自然语言处理可应用于金融领域的智能客服、智能投研等领域；应用层的认知智能可应用于金融领域的智能风控等领域（见表2-1）。

人工智能的应用要遵循一定的原则。随着人工智能时代的到来，如何"引导人工智能技术'向善'，充分发挥其在促进经济金融健康发展的作用"已经成为世界各国共同面临的重要议题。从目前的发展情况来看，世界各国金融监管当局、国际金融组织以及金融机构对人工智能使用的伦理道德、技术规范、安全防护等问题形成了一些共识。一是人工智能技术的应用必须符合人类社会的基本价值观、伦理道德，不能对现有社会体系、结构与制度产生破坏性影响；二是基于人工智能技术做出的决策要具有逻辑性，使得决策者可以了解人工智能决策的过程，能够对错误决策进行校验并予以纠正；三是任何主体在利用人工智能技术做出决策后应承担相应的责任，人工智能决策过程和结果应处在监督之下并实现可追诉；四是数据的及时性、正确性、完整性应成为人工智能决策的基础，基于错误的数据做出的决策必然是错误的。例如，2019年，美国在《国家人工智能研究和发展战略计划》最新修订中提出，要建立健康且值得信赖的人工智能系统，包括改进公平性、透明度和涉及责任机制，增强可验证性，确保系统免受攻击并能长期优化等。英国也提出要把道德伦理置于核心位置，确保

表 2-1   人工智能在金融行业的典型应用情况

人工智能产业链	相关技术	应用领域	应用模式	应用趋势
基础层	大数据	智能营销	通过用户画像和大数据模型精准寻找用户，在可量化的数据基础上分析消费者个体的消费模式和特点，以此来划分客户群体，精确找到目标客户，进行精准营销和个性化推荐	数据技术是金融行业未来发展的核心方向，依托数据技术发展的精准营销将取得更大发展，依托精准营销的更多个性化服务和产品将会大量涌现
技术层	机器学习、知识图谱和自然语言处理	征信反欺诈	对各种结构化、非结构化数据运用知识图谱、深度学习等技术进行整合，分析上下游企业、竞争对手、母子公司的情况，发现可能存在的欺诈点	随着大数据和人工智能技术的融合应用，征信反欺诈技术在金融征信领域的应用将越来越广
		智能投顾	根据投资者的风险偏好、财务状况等，运用大数据、智能算法及投资组合理论，为客户提供智能化的投资理财服务	随着算法技术的突破和应用的发展，以及智能投顾相对人工服务的成本优势，智能投顾的应用会逐步拓展，其标准化服务将使更多中小客户享受到专业的投顾服务
		智能量化交易	量化交易是通过对财务数据、交易数据及市场数据进行建模，分析其显著特征，利用回归分析方法等算法制定交易策略，智能量化交易引用机器学习、自然语言处理、知识图谱等人工智能技术，处理更大数据维度和更多模型变量的数据，解决复杂金融投融资问题	智能量化交易是人工智能在金融领域应用的热点，未来发展空间巨大
	计算机视觉与生物识别	身份识别	利用人脸识别、指纹识别、虹膜识别等生物识别技术，提取客户身份特征，对客户身份进行交易辅助认证	随着人脸识别技术的成熟度提高，身份识别将同时成为互联网金融机构和传统金融机构交易过程中的主要身份认证形式

续表

人工智能产业链	相关技术	应用领域	应用模式	应用趋势
技术层	语音识别和自然语言处理	智能客服	主要利用语音识别、自然语言处理、知识图谱等技术，掌握客户需求，自动获取客户特征和知识库等内容，帮助快速解决客户问题	在人工智能各领域逐渐被广泛采用，降低企业成本，技术具有可实践性，但目前智能客服还处于弱人工智能阶段，仍需要大量人力参与
		智能投研	利用自然语言处理及光学字符识别（optical character recognition，OCR）技术将数据、信息、决策进行整合，实现数据的智能化关联，辅助甚至自动撰写投行及证券研究业务中固定格式的文档	智能投研处于自动化向智能化转型阶段，随着非结构化数据分析技术的发展，未来智能投研的应用将会加强
应用层	认知智能	智能风控	利用"大数据+人工智能技术"建立信用风险评价模型，关联知识图谱，建立用户个人信用精准图像，对风险进行有效识别、预警、控制，提高风险管理能力	智能风控一定程度上突破了传统风控的局限，随着金融核心数据的逐步完善，智能风控公司将由起步发展向更加成熟的阶段迈进

资料来源：笔者根据公开数据整理。

人工智能更好造福人类。欧盟委员会于2019年颁布的《可信人工智能道德准则》中要求应用人工智能时应尊重人类自治原则，预防对人类产生伤害，人工智能系统的开发、部署和使用必须公平，且该系统必须具备可解释性。经济合作与发展组织（Organization for Economic Co-operation and Development，OECD）在2019年发布的《人工智能原则》确定了五个互补的基于价值观的原则：强调包容和可持续增长；尊重法治、人权、民主价值观和多样性，必要时允许人类干预，以确保社会公平和公正；提出透明性和负责任的披露、稳健、安全和可靠；持续评估和管理潜在风险等。2017 年，国务院发布了《新一代人工智能发展规划》（以下简称《规划》），深刻认识到人工智能发展的不确定性，及其在就业结构、冲击法律与社会伦理、侵犯个人隐私、挑战国际关系准则等问题受到的冲击，将对政府管理、经济安全和社会稳定乃至全球治理产生深远影响。因此《规划》提出在大力发展人工智能的同时，必须高度重视可能带来的安全风险和挑战，加强前瞻预防与约束引导，最大限度降低风险，确保人工智能安全、可靠、可控发展①。

（四）区块链技术的发展和应用

1. 何谓"区块链"

2008 年 11 月 1 日，中本聪（Satoshi Nakamoto）发表了一篇名叫《比特币：一种点对点的电子现金系统》的论文。在这篇具有划时代意义的论文中，中本聪指出，目前互联网上的贸易内生性受制于"基于信用的模式"的弱点，也就是在物理现金缺失前提下销售与支付问题上的不确定性，这也就必须引入可信赖的信用中介，进而增加了交易成本。针对以上问题，中本聪提出的解决方案是一个基于密码学原理而非信用的电子支付系统，这也就是区块链技术发展的最初原型。

作为近年来金融科技领域的一项重要创新，关于区块链的定义目前尚无统一描述。一般而言，区块链是指以事先规定的特殊计算机程序网络以及共享机制等技术为基础，按照时间顺序将数据区块链连接形成的数据结构，并以密码学方式保证数据不可篡改和不可伪造的分布式记账系统。

---

① 肖翔、王平、周钰博：《人工智能金融应用原则思考》，载《中国金融》2020年第 13 期。

　　区块链是分布式数据存储、点对点传输、共识机制、加密算法等计算机技术在互联网时代的创新应用。其底层技术包括：智能合约、共识机制、隐私保护、加密算法、网络协议、数据存储等。区块链不仅将对金融领域产生重要的影响，而且对整个经济社会的发展形态起到革命性的重塑作用。

　　区块链本质是一种去中心化的数据库和基于共享理念的分布式账本，是一串使用密码学方法相关联产生的数据块，每个数据块中都存储着一次交易信息，用于验证信息有效性并生成下一个数据块。区块链在隐匿交易者身份信息的基础上，将所有发生的交易加盖时间戳后在全网发送，更新所有节点的账本副本，同时通过实时全网广播的方式让所有节点共同验证交易信息的有效性，形成无须第三方干预的"共识"机制[1]。

　　区块链是一种技术解决方案，其最大的优势是解决信任问题，从而在两个陌生人之间建立可靠、安全的交易方案。要建立信任机制，首要的是解决信息传递方式以及合约规则问题。区块链从以下几个角度，可以建立可靠的数字信用凭证。区块链具有以下主要特征：一是去中心化。区块链是一个分散集权的数据库，它不存在类似于银行和审计公司这样的中心化管理机构，也不需要专门存储交易数据的超级计算机或专门用来监管的维护网络。全网络上每一节点都具备上述功能，具有均等的权利和义务。二是开放性。区块链系统上的数据对全网所有节点公开。但是交易各方的私有信息是通过公钥和私钥加密的，拥有解密权利和工具的节点可以对信息进行解密。三是自治性。区块链建立在协商一致的规范和协议之上，其公开透明的算法使得整个系统中的任何节点之间都能够进行安全、自由的数据交换。在基于区块链交易中，对机器绝对算法和运算能力的信任取代了对人的信用检验，任何人的干预都不起任何作用。四是不可篡改。从结构上来说，区块链具有很强的可靠性。区块链采用的结构形式为链式，保证

---

　　① 赵大伟：《区块链技术在产品众筹行业的应用研究》，载《吉林金融研究》2017年第4期。

了信息内容的安全、稳固。想要在区块链中更改交易信息，就必须更改信息所在的区块，而在改动区块需要进行更加复杂的计算。同时，每当改动一次区块，就必须要对区块链进行整体上的更新，根据区块链本身的相关技术结构，进行相关区块的改动，其运算速度极为庞大。因此这种链式结构对于交易信息的存储具有非常高的安全稳定性。此外，由于区块链自身运作机制的共享性，也就是实现"账簿的共享"，这种模式能够最大化保护整个系统的信息安全，如果某一个位置节点出现问题，整个系统依然能够正常运行，极少受到干扰。同时，由于密码、时间限制等计算机信息技术，区块链在技术层面保证了其所数据的安全可靠性。一旦某个区块链中的信息通过了全网验证而添加至区块链中，它便被永久地存储了起来。中本聪的工作量证明机制决定了对数据库的任何修改都必须在至少控制住全网51％的节点的情况下才可能有效。更重要的是，由于每个区块链都严格按照时间顺序产生和串联，这种链条特征使交易信息易于追溯，因此区块链上的数据极为稳定和可靠。五是匿名性。区块链上节点之间的交换所遵循的是计算机固定算法，活动的有效性由程序自行按照规则判断，交易双方无须公开身份以取得对方信任。这打开了很多目前不能实现的交易的可能性，首先获利的就是普惠金融。当然，匿名性也是双刃剑，比如比特币有可能被应用于犯罪活动。但恰在此时，区块链可追溯性的优势就能充分体现出来，虽然交易者的身份是匿名的，但交易本身永远无处藏身。六是共识性。最初的发行过程是依赖于分布式网络节点，共同参与一种称为工作量证明（proof of work，POW）的共识过程，来完成交易的验证与记录。然而，这个共识机制存在效率低下的问题。为了公平起见，每次记账会导致大量资源浪费，从某种意义上来说是牺牲了效率来换取公平。不过随着PoS、DPoS 共识算法的出现，已经使这一问题得到了很大的改善①。

---

① 莫菲、许昌清、赵大伟：《"链"通未来——区块链原理、实践与案例应用》，中国金融出版社 2020 年版。

从发展态势来看（见图2－5），2017年我国区块链行业规模只有0.85亿美元，随着政府部门、各行业对区块链技术的关注和重视，2020年我国区块链行业规模达到5.61亿美元，是2017年的6.6倍，特别是2020年行业规模较2019年接近翻了一番。

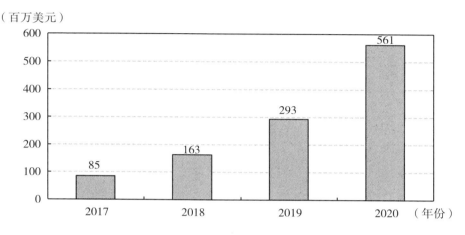

（百万美元）

图2－5 2017～2020年中国区块链行业市场规模

资料来源：《2021年中国区块链行业分析报告——行业发展现状与发展趋势分析》。

2. 区块链技术在金融领域的应用

区块链在金融领域应用潜力巨大，前景广阔。区块链技术具有分布式、多方共识、跨链式结构等特性，适用于供应链金融、贸易金融、支付结算、数字票据、保险核保理赔、资产证券化等存在多方交易且信任基础较弱的场景，有助于发挥加改善金融资源配置效率、降低金融交易成本。

第一，贸易金融与供应链金融。贸易金融、供应链金融是横跨多个主体、多个环节的复杂场景，涉及行业面广、交易链条长，需要彼此之间互信共享。区块链具有链上信息难篡改、可追溯等特点，可以在信息存证、辅助凭证拆分流转、智能合约自动执行等方面，提高信息篡改难度，实现核心企业信用多级穿透、降低人工操作风险，有助于解决贸易金融、供应链金融部分业务环节痛点。国际层面，巴克莱银行、汇丰银行等多家金融机构都探索了区块链技术在信用证方面的应用，IBM 与多国银行合作开发了区块链贸易融资平台。国内层面，区块链在金融领域的应用也在迅速发展，已形成了一些落地案例。

第二，支付清算领域。不管是以个体的形式还是机构之间的往来，传统的支付清算活动需要借助复杂的中介系统对账目、活动等流程进行记录与跟踪处理。中介系统承接对账、结算等操作，相关活动的成本较高。区块链的去中心化特点能够从根本上解决这矛盾，区块链支付和清算可在交易主体之间直接达成，不依赖中介机构，大大提高相关业务活动的速度。同时，区块链自身的透明化以及公开化使得交易的个体对资金的流动性得到极大的掌控，提高了支付清算的安全可靠性。

第三，区块链在智能合约领域。智能合约的概念诞生后，由于未能遇到适合的环境，一直未得到较大发展。而区块链技术大大促进了构建可信执行环境的可能性，使得智能合约逐渐走进大众的视野。以区块链技术为背景，智能合约以计算机代码的形式，对交易信息进行读取、发送以及储存的流程处理，经过每个交易方的确认进行记录。智能合约虽然没有实体的形式，但是仍然是以计算机技术将人们所需要的信息进行处理，并以法律、程序等强有力的系统支持，具有与实体合约等效的作用，达到人们的交易签署目的，提高了人类社会中商业活动的效率。

第四，托管领域。资产托管是指托管人接受受托人委托，对其财产进行保管，并根据受托资产特点，提供投资清算、会计核算、资产估值、投资监督、信息披露、对账等金融服务的业务。一般而言，资产托管业务包括资产委托人、投资管理人、投资顾问以及托管人等各方，业务流程涉及签订合同、开设账户、价值评估、资金清算、投资管理、信息披露等多个步骤，流程较为烦琐。区块链技术应用于资产托管业务后，可以实现在线托管合同签订、依照投资监督指标运行、对托管资产进行控制和跟踪，以及估值数据存储及更新结构化和自动化等。

第五，信用领域。区块链在经历了早期用于数字加密货币阶段之后，开始逐步向金融与智能商业合约、医疗、农业等领域迈进。区块链去中心化、不可篡改、共识性、开放性等特征，能够帮助传统金融业实现提质增效。区块链建立的数据库，是基于时间序列的、不可篡改的信息记录。由于区块链网络中引入了工作量证明机制，它在基于评级模型的金融系统之外独辟蹊径，开创了无须第三方信用背书的金融网络，有效地解决了自证其信的问题。区块链网络用自身的技术特征降低了人为干预，从而成为真实有效征信系统的基础。金融机构可以将企业征信、个人征信、第三方增信系统引入区块链，在建立诚信金融、诚信社会的过程中，区块链将是减少信任成本、削弱市场摩擦的有力技术支撑。

第六，证券领域。区块链作为去中心化、点对点的分布式记账系统，具有分布式去中心化存储、信息高度透明、不可篡改与信用共享等特征，对现代金融业的发展产生了巨大的影响。证券行业作为金融业的重要组成部分，其与区块链在证券发行与交易、结算清算、场外业务和司法监管等各流程环节的融合应用将推动证券行业新的进步。"区块链 + 证券"的应用能够提高证券行业效率、增加行业透明度、降低交易成本和提升可靠性。美国证券交易委员会（United States Securities and Exchange Commission，SEC）主席瓦特（White，2016）指出："区块链在提升证券市场交易、清算、交收环节的现代化水平，简化业务流程，甚至替代某些业务环节等方面具有潜力。"[①] 特别是在登记与存管业务中，将证券登记与存管应用在区块链以后，将不再需要传统的中心化的集中登记与存管，数据和信息将分布在每一个结点上，透明可追溯。还可以借助"区块链 + 智能合约"实现登记的派生业务，例如股份拆分、权益分派和股票质押等。同时，证券的交易和变更可实现智能化，交易变更还可进行全网广播，提升了效率、透明度和

---

① Chair Mary Jo White, Opening Remarks at the Fintech Forum, Nov. 14, 2016.

可靠性。此外，去中心化的服务可以弱化中心化登记存管行为，传统的登记机构或将被替代。

二、数字化转型的经济基础——数字经济发展

2020 年以来，突如其来的新冠肺炎疫情对世界各国经济社会发展带来了严峻的考验，对世界各国社会生产、人民生活带来了深远的影响。在新冠肺炎疫情中，数字科技在防控疫情、保障金融服务、支持实体经济等方面得到了快速发展和广泛应用，为抗疫注入新机与活力。远程技术、人工智能及区块链、联邦学习等多方参与技术被广泛应用，新冠肺炎疫情中个人用户逐渐习惯了全面数字化、线上化的生活方式，企业用户的数字化线上化转变在加速，"零接触"在线服务猛增，越来越多采用 AI 辅助业务操作、客户服务和防控风险，在助力脱贫攻坚、构建经济双循环发展格局及"六稳六保"政策落实等方面发挥重要作用。

目前，我国新冠肺炎疫情防控措施取得阶段性成果，企业复工复产稳步推进，经济运行有序回归常态，经济进入新发展阶段。随着经济恢复潜力不断释放，经济转型升级及高质量发展的势头将更强劲，数字科技在此过程中将发挥更加重要作用。展望未来，数字科技具有更加广阔的应用前景和市场空间。在经济发展过程中，如何运用大数据、云计算、人工智能、区块链等技术，革新经济发展模式，全面助力实现数字经济跨越式发展和转型，已逐渐成为当前经济社会发展面临的一个重大课题。总体来看，新冠肺炎疫情全球大流行既是对经济发展数字化能力的一次突击检查，同时也将经济发展的数字化转型提升上了议事日程。在后疫情时代下，在经济发展双循环的大格局下，中国经济发展应努力站上数字化转型升级新赛道，应用数字科技不断为经济转型发展提供源源不断的创新驱动力。

（一）数字经济的发展为新冠肺炎疫情后经济社会恢复和脱贫攻坚做出巨大贡献

自 2015 年起，我国数字经济异军突起，迅速进入发展的快车道。经过近 5 年的发展，我国数字经济总体规模增长了 122%（见图 2 – 6）。2020 年是脱贫攻坚决战决胜之年，而新冠肺炎疫情的冲击极大增加了脱贫攻坚任务的复杂性、艰巨性。数字经济的发展全面帮助金融机构落实金融管理部门要求，围绕风险管理，大力发挥大数据风控的价值，在做好新冠肺炎疫情防控的同时，提高中小企业融资的信息透明度，健全完善全流程化线上化的服务模式，推进应用人工智能、大数据、云计算等数字化技术，持续保障贫困户发展生产资金需求，全力帮助企业渡过难关、恢复生产，确保金融扶贫工作不断档。

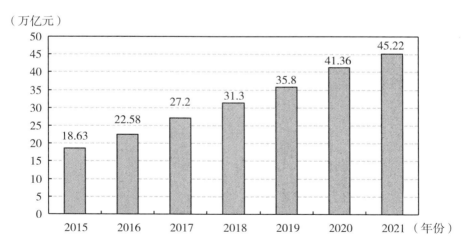

图 2 – 6　2015 ~ 2021 年中国数字经济总体规模

资料来源：笔者根据中国信通院、中商产业研究院公开数据整理。

在支持新冠肺炎疫情后的恢复方面，数字科技赋能企业积极履行社会责任，采取各类型"非接触式"服务，推出各类线上消费产品促进疫情后恢复。譬如，受新冠肺炎疫情影响，人工服务无法按时复工，许多银行发挥人工智能等金融科技的技术优势，在智能获客、大数据风控等方面，为客户提供全流程解决方案，打通获客、准入、贷中与贷后管理等业务流程环节，提高应对新冠肺炎疫情的服务能力。在风控方面，通过大数据技术实现对客户的精准画像，筛选出还款能力强、还款意愿高的优质客户，对客户开展实时监测，及时调整客户风险状况、财务水平评级，实现基于大数据技术的风险差异化、精细化管理，针对不同行业与区域实施实时监控，特别是能够针对因新冠肺炎疫情而引发的多头共债风险进行预警，推动机器人流程自动化机器人流程自动化（robotic process automation，RPA）深度融入信贷审批、客户服务、催收等业务流程关键环节。

在脱贫攻坚方面，数字经济的发展极大助力了各类金融机构、企业贯彻落实党中央提出的脱贫攻坚目标，依托大数据和云平台等信创技术，创新扶贫模式，推进"输血式扶贫"向"造血式扶贫"转变，多层次多渠道深度开展扶贫工作。

（二）常态化新冠肺炎疫情防控下，数字经济发展助力线上化经营布局

受新冠肺炎疫情冲击，很多员工在线下无法到岗，业务线上化、自动化成为刚需，企业各类业务线上化、智能化的需求迫切。数字科技发挥在智能获客、大数据风控、机器人流程自动化等方面优势，为新冠肺炎疫情期间经济发展提供全流程解决方案。中国证监会和中国银行业协会统计数据显示，受到新冠肺炎疫情影响，超过95%的客户选择通过线上渠道（网络终端、手机App）进行证券交易，银行类金融机构线上服务替代率平均水平达96%。例如，在金融机构客服业务中，由于线下客服人员聚集可能对新冠肺炎疫情防控产生影响，金融机构纷纷开始考虑利用聊天机器人替

代人工客服提供服务，这一方面降低了客服业务成本，另一方面也杜绝了语言暴力等风险。特别是在新冠肺炎疫情高发阶段，聊天机器人承担了金融机构大部分客服工作，填补了因人员无法到岗带来的客服业务空白。随着新冠肺炎疫情防控要求逐步调整，金融机构开始探索通过"人＋机"结合的方式提供服务，人工客服只在聊天机器人无法满足客户要求时介入，从而减低了30%左右的人工成本。随着线上渠道价值的凸显，大量消费、金融需求，从线下迁移到线上，"零接触""非接触"服务需求增加，促进线上服务效率的提升，零接触式服务的优化。

当前，从世界范围来看，新冠肺炎疫情防控仍面临严峻挑战。在全球经济一体化背景下，我国已经做好常态化新冠肺炎疫情防控的准备，但是对线下聚集和密切接触的限制和要求短期内将不会放松。鉴于此，线上化商业模式将会延续。同时，新冠肺炎疫情带来的冲击使得银行类金融机构开始纷纷尝试布局线上业务，依托互联网渠道，借助大数据、人工智能、区块链等数字科技，将金融服务从线下逐渐向线上迁移，服务模式也从"面对面""网点式""接触式"向"线上式""零接触""非接触式"转变，全面实现金融服务的远程化、数字化、智能化。例如，平安银行通过底层技术结构的再造与升级，搭建了全新的智能化客服云平台，全面实现资源整合和渠道融合。北京银行将人工智能技术全面融入业务和管理流程，通过技术赋能业务创新和运维管理优化升级。微众银行基于大数据技术，凭借其所掌握的海量数据（消费信息、社交网络等）对客户进行精准画像，一方面助推开展精准营销，另一方面通过数据挖掘，全面分析和预测客户需求，向客户提供个性化、精准化的服务体验。

（三）金融业与科技公司深化合作催生数字经济规模效应

新冠肺炎疫情凸显数字科技的重要性。科技能力局限于规模不经济，数字科技的自主研发对金融机构前期资金投入、科技人员储备都有较高要求，且在短期内难以实现较大成效。对于部分不具备自主研发比较优势的中小金融机构而言，在研发创新、数据治理和数字化金融生态构建的主动性和全面性方面都需要通过与外部金融科技公司合作，实现优势互补、合作共赢。

从金融机构与科技公司合作的实践案例来看，不少金融机构在数据共享、场景服务、研发平台等方面与第三方金融科技公司的合作效果十分显著。在风险管理方面，金融机构可以借助科技公司的技术优势，通过直接购买或者联合研发的方式，利用尽可能小的成本在尽可能短的时间内，将科技公司的技术优势转化为自身的业务优势，实现风险管理模型和技术系统的升级迭代。在放贷授信方面，金融机构借助科技公司提供的大数据、云计算技术来架构风险定价和管理体系，改造金融机构信贷审批发放流程，提高客户识别和信贷投放能力，用相对低的成本让消费者享受到更为便捷的金融服务。在获客渠道方面，部分金融机构端本身的金融场景比较单一，与互联网企业在场景上进行合作，可以延伸拓宽银行的服务范围，从根本上简化经营的复杂度，降低金融机构的服务成本，以更好的服务体验、更合理的定价服务更多消费者。总体上，金融业与科技公司深化合作催生规模效应。金融业正从传统的单向赋能向金融与生态双向赋能转变，更善于利用自身优势，在技术研发、金融服务、场景融合、渠道交互、引流获客等方面精准发力，与 C 端、B 端、G 端客户共建多维度的数字化生态圈。

（四）"双循环"格局下消费升级，数字化助力零售转型发展

2020 年 4 月 10 日，在中央财经委员会第七次会议上，习近平总书记强调要构建以国内大循环为主体、国内国际双循环相互促进的新发展格局。扩大内需是"双循环"发展的核心，促进消费升级是主基调。消费转型升

级是当前解决人民日益增长的美好生活需要与不平衡不充分的发展之间的
矛盾的重要路径，即从传统消费品消费向服务消费转变。促进消费升级就
需要产业结构升级、资本投入和创新技术的应用与发展。

"双循环"格局下消费升级，零售行业的服务理念将由"以产品为中
心"向"以客户为中心"转变，在此过程中，零售行业转型要以数字化战
略作为支撑。通过互联网渠道，实现"零接触"服务，增强消费的便利性；
通过云计算搭建的云平台，将服务整合上"云"，降低服务成本；通过大数
据技术对客户精准画像，提供个性化、定制化服务，增强客户体验；通过
生态场景建设，让消费更加智能，让消费、金融、物流等产业形成相互促
进的良性发展循环，构建消费新生态。

（五）"双碳"目标下数字科技全面赋能绿色金融，绿色经济加速发展

面对全球气候变暖的挑战，我国提出了 2030 年前实现碳达峰、2060 年
前实现碳中和的"双碳"目标。未来，高能耗、高污染、高排放等"三
高"产业将面临较大的产能压缩和退出压力，并在发展中受更为严格的碳
排放约束。实现传统制造业向绿色低碳转型升级，逐步摆脱对传统能源的
依赖，开发利用更清洁、能低能耗、更环保的新能源，支持制造业绿色转
型、推动绿色经济发展显得尤为必要。

围绕实现碳达峰、碳中和的目标，银保监会等五部委联合发布《关于
促进应对气候变化投融资的指导意见》，明确在风险可控的前提下，支持机
构及资本积极开发与碳排放权相关的金融产品和服务。在此背景下，许多
金融机构开始将数字技术与碳金融深度融合，聚焦绿色低碳行业，利用大
数据、区块链、智能投顾等先进技术，在 ESG 分析、环境风险管理、环境
效益测算、绿色信贷、碳金融、绿色债券、绿色保险、绿色基金等业务场

景中，通过数字科技赋能绿色金融，"绿色＋金融＋科技"将成为金融机构发展的重要领域，亦是推动绿色经济发展的重要抓手。

（六）新型基础设施建设进入发展快车道，数字化发展进入转型升级新赛道

新型基础设施建设简称新基建，主要包括5G基站建设、特高压、城际高速铁路和城市轨道交通、新能源汽车充电桩、大数据中心、人工智能、工业互联网七大领域，涉及诸多产业链。这是以新发展为理念，以技术创新为驱动，以信息网络为基础，面向高质量发展需要，提供数字转型、智能升级、融合创新等服务的基础设施体系。

2020年3月，中共中央政治局常务委员会召开会议提出，加快5G网络、数据中心等新型基础设施建设进度。《2020年国务院政府工作报告》提出，重点支持"两新一重"建设。《中共中央关于制定国民经济和社会发展第十四个五年规划和二〇三五年远景目标的建议》中多次提到系统布局新型基础设施，加快第五代移动通信、工业互联网、大数据中心等建设。特别是随着数字人民币试点工作的推进，将推动金融业数字化转型进入更高层次发展阶段，也为金融业带来新的发展机遇。

（七）数字科技赋能乡村振兴，助力解决"三农"问题

继脱贫攻坚后，乡村振兴成为新政策基调。农民生产生活地域分散、经营规模偏小、抗风险能力弱，是制约金融支持农业农村的关键瓶颈。数字科技对解决上述瓶颈具有重要作用，加快普及应用金融科技，有助于以更低成本、更快速度扩大金融服务覆盖率，提升金融机构风险控制能力，精准确定金融需求。

为落实数字科技赋能乡村振兴，人民银行会同相关部门启动金融科技赋能乡村振兴示范工程，旨在探索运用新一代信息技术因地制宜打造惠农利民金融产品与服务，全面提升农业产业现代化水平、农村金融承载能力和农民金融服务可得性，为乡村振兴战略实施提供坚实金融保障。具体措施包括，一是加快金融服务渠道融合化发展，推动构建"线上线下打通、跨金融机构互通、金融与公共领域融通"的新型服务渠道，建立"一点多能、一网多用"的惠农综合服务平台，推出"惠农版""大字版""民族语言版"等智慧金融 App，提升农村居民金融服务普惠水平。二是加大供应链金融服务供给力度，将物联网、区块链等新技术嵌入种子与农产品生产、交易、加工、物流、仓储等环节，充分发挥数据要素倍增作用赋能农业供应链资金流、商流、物流深度融合，实现金融服务对农业重点领域和关键环节的"精准滴灌"。三是加快金融与民生系统互通，推动建立更加人性化、有温度的无障碍公共服务体系，增强农村居民就近办、线上办服务能力，推动社保、医疗、交通、缴费等农村公共服务便利化发展。四是建立健全农村金融标准规则体系和风险联防联控机制，全面提升"三农"资金与信息安全水平，有序推动金融科技在农村居民生活场景的数字化应用，助力数字乡村建设①。

三、数字科技在证券行业的应用

在数字科技研发和应用不断深入的大背景下，证券行业基于以大数据、云计算、人工智能、区块链为代表的数字科技进行数字化转型，不仅有助于拓宽业务边界，完善业务、风险控制、合规监管模式，也能够催生智能

---

① 《人民银行等7部门启动金融科技赋能乡村振兴示范工程》，中国人民银行网站，2021年4月16日。

投顾、智能投研、金融云等新型服务或产品，更能够提升用户服务体验，降低运营成本，全面提高证券市场整体的运行效率。

（一）数字科技有助于推动证券公司的数字化运营

随着数字科技的快速发展和应用普及，大数据、云计算、人工智能、区块链等技术在证券行业的应用不断深化和拓展。一方面，在前端应用领域，数字科技推动证券业务从早期的线上导流向精准营销、智能客服、智能投顾等领域纵深发展①。另一方面，数字科技也在不断向证券业的中后端延伸，对证券公司的组织机构架构、运行经营模式产生不可忽视的重要影响。越来越多的证券公司开始利用数字科技向智慧化、智能化运营发展，尝试将总部、区域业务办理和日常运营向"线上"迁移；部分证券公司基于自建或购买云平台服务，通过云计算技术实现高效、合理的数据存储、计算和交换，搭建有利于实现资源共享和自动化管理的服务器和网络设备资源池，全面提升整体运营、业务办理效率；部分证券公司深挖大数据技术潜力，将大数据分析全面导入决策、业务管理、营销、风控以及合规等流程，通过全面、准确收集与主营业务、日常经营管理紧密相关的数据，综合分析研判数据来源、结构、发展趋势，并据此对业务和管理趋势进行判断和预测部分证券公司根据客户个人信息和身份数据，对客户进行"精准画像"，准确刻画客户的风险状况；部分证券公司全面整合大数据、云计算和人工智能技术，设计更为科学、合理的交易算法模型、风控模型，不仅可以开展精准营销，也可以满足客户的个性化需求，更可以使得证券公司的运营管理更加高效、合理；部分证券公司利用区块链信息透明、不可篡改、智能化执行、可追溯等特点，充分发挥区块链技术在数据保护、交

---

① 曹永强：《金融科技对券商运营模式影响逐渐凸显》，载《证券时报》，2019 年 7 月 15 日。

易验证等领域的重要作用。此外，数字科技的应用还能够促使证券公司组织结构更加"扁平化"，减少日常管理人员支出，使运营更加规范，同时降低人为干预对公司管理决策、业务拓展的影响。

（二）推动量化投资在证券行业的应用

量化投资是集成了数据和编译环境并可以使用计算机程序语言进行金融数据研究的系统，其发展可以看作金融科技在证券行业应用发展的集中体现。量化投资在国外已经有几十年的历史，已逐步成为全球金融机构的主流投资手段之一。美国和亚洲部分大型基金已经开始使用量化投资策略和量化手段。

从国际经验来看，量化投资经过 30 多年的发展，其产生的投资业绩相对稳定、市场规模稳步增长，已经得到投资者的广泛认可。与传统投资相比，量化投资更为倚重数学模型和实际数据，所做决策也更为客观、理性、科学，避免了个人主观因素对于投资的影响。随着资本市场复杂程度的日益提升，传统投资决策方式将受到严峻挑战，先进的交易执行算法往往含有各种复杂的量化模型，管理交易过程中的市场风险和流通性风险，也为量化投资的发展提供了契机。目前，中国量化交易规模较小，但是一般较大规模的证券公司都有自己的量化团队。同时，量化投资也为私募行业的发展带来新机遇，除资产管理领域，量化模型和量化系统在全球企业风险管理中的使用也十分广泛。

（三）推动智能投顾在证券业的应用

智能投资顾问（简称"智能投顾"，也称"机器人投顾"），是指利用大数据分析、量化金融模型以及智能化算法，结合投资者的收入（支出）

水平、风险状况（风险承受能力）、财务能力、投资偏好等因素，向其提供个性化、定制化、智能化、多元化的理财产品和服务。智能投顾有助于实现资产管理服务的自动化，通过计算机和量化交易技术，根据全面了解投资者财务水平、风险承受能力、投资偏好能信息，为其量身定制投资方案，提供股票配置、债券配置、股票期权操作、房地产资产配置等服务。

与传统投顾相比，从前端看，智能投顾能够实现数据收集、分析、预测以及投资决策的系统化、智能化和自动化；从中端和后端看，智能投顾有助于进一步推动风险管理、运营管理的智能化，从而全面降低投资理财成本、分散投资风险，做到既防"黑天鹅"，也防"灰犀牛"。鉴于此，证券公司、科技公司、传统投资机构纷纷开始重视智能投顾的发展与应用，并积极在此领域进行布局。一方面，大量机构开始引入大数据因子和人工智能算法来提升投资决策效率，特别是量化投资决策的有效性和准确性；另一方面，以"智能投资顾问"为方向的科技公司，设计提供基于网络的智能化投资咨询平台，解决零售投资者面临的信息不对称问题。智能投顾的出现使得过去只有高净值客户才能享受到的金融服务变成了低成本大众化的服务[①]。

国内市场方面，中国的智能投顾市场尚处于起步阶段，虽然目前多家金融机构成立了国内机器人投顾，但整体来看行业集中度相对较低，潜在发展空间依然巨大。尤其是在当前国内国际经济环境错综复杂、各类资产价格剧烈波动的大背景下，专业财富管理需求大幅增加，财富管理行业正由粗放式向精细化、专业化转变，由家庭自主理财模式向专业机构理财模式转变。人工智能、区块链、大数据等金融科技的运用，可针对性解决了客户需求痛点，实现了"千人千面"的财富管理需求，智能化的财富管理已经成为趋势。此外，新冠肺炎疫情显著增加了家庭线上投资的意愿，家

---

① 伍旭川、陈明利：《在路上——我国金融科技的发展趋势和监管方向》，载《当代金融家》2016 年第 11 期。

庭对线上投资理财模式的接受度逐步上升，促使财富管理机构加快线上化进程。随着房地产市场不断调整，金融产品日益丰富，居民理财观念趋于成熟，中国居民进行资产配置和财富管理的必要性和可行性都在提升，个人资产管理需求扩大为智能投顾行业注入更大活力。

四、数字科技兴起给证券行业带来的机遇

数字科技作为当前炙手可热的前沿科学技术，已经广泛地应用到金融行业，深刻地改变着金融消费者的行为偏好和消费方式。世界各国已经充分认识到数字科技对促进金融业发展的重大意义，纷纷抢占数字科技研究高地，布局数字科技产业链，力争在国际数字科技竞争中占据主动地位。在我国，数字科技发展得到了国家和地方政府的广泛支持，已经迈入发展的黄金期。

（一）国家和地方政府对数字科技发展和应用的政策支持

自 2017 年以来，我国数字科技的研究及应用呈现爆发式增长，从中央到地方政府均高度重视数字科技的发展。自 2017 年起，我国每年的政府工作报告中都提到相关概念，显示中央已经重视国家层面的数字科技发展。当前，数字科技的发展从萌芽期向应用落地、应用扩展与技术变革阶段进展。从中央政府、各部委以及地方政府部门对数字科技的政策支持来看，2021 年是数字产业发展的政策利好之年，"政策持续催化"是行业发展趋势之一。

（二）我国在数字科技发展和应用领域走在世界前列

首先，我国数字科技有关专利申请量居于世界领先地位。例如，联合

国世界知识产权组织发布的《2019 技术趋势——人工智能报告》显示，中国人工智能专利申请量居于世界领先地位。进入前 30 名的 4 家学术机构中有 3 家来自中国，专利申请量排名前 20 的学术机构中有 17 家来自中国。《日经亚洲评论》统计的 2016～2018 年人工智能专利申请量排名前 50 名的企业，中国企业有 19 家，专利申请总量大幅领先于美国。而中国人工智能产业发展联盟组织编写的《中国人工智能产业知识产权和数据相关权利白皮书 2018》显示，虽然中国在人工智能领域的申请量全球第一，但授权量尚处于美国和日本之后，专利布局以应用类专利居多。

其次，我国数字科技领域的论文发文量全球最高。例如，2019 年 5 月 24 日，由科技部新一代人工智能发展研究中心等国内外十余家机构联合编写的《中国新一代人工智能发展报告 2019》指出，美国人工智能整体实力突出，中国人工智能论文发文量居全球最高，但引文影响力指标（FWCI）相对落后。另外，我国在共性技术平台、芯片处理器等企业数量较少，基础层领域发展相对薄弱。

最后，我国数字科技应用发展领先全球。美国的数字科技应用呈现全产业布局的特征，包括基础层、技术层、应用层均有布局，而中国的数字科技主要集中在应用侧，只在技术层局部有所突破。我国数字产业发展面临与互联网快速发展时期同样的独特优势，即庞大的应用层面的需求将成为产业发展的引爆点。海量的数据资源与加速累积的技术能力相结合，数字科技相关行业将在开放有序的市场环境中爆发巨大的发展潜力。

（三）我国数字科技人才发展迎来"黄金期"

在数字经济浪潮下，我国涌现出大量专门从事互联网、大数据、云计算、人工智能和区块链等数字科技研究和应用的机构。从研究机构数量和规模来看，我国数字科技排在世界前列。从世界范围来看，美国、英国、西班牙、澳大利亚等国也在数字科技研发领域成立了众多研究机构，数字科技研究和应用实力较为强劲。

我国数字领域的人才依然紧缺。目前，我国数字科技人才的供求比例仅为 1：10，人才缺口超过 500 万人①。据领英人才数据库显示，我国数字科技人才总数为 5 万人，而美国在数字科技领域人才总数约为 83 万人，是我国的 16 倍以上②。特别值得注意的是，美国在数字科技人才培养领域具有较大优势，与数字科技相关的博士学位中，44% 是在美国获得，其后是中国（11%）、英国（6%）、德国（5%）以及加拿大、法国和日本（均为4%）③。2019 年，华为百万年薪抢数字相关专业的应届生，各科技巨头高薪挖角数字科技人才。整体来看，数字科技人才依然紧缺，企业高薪抢人成为常态。随着数字科技的持续发展，对技术人才的需求将随之增长，技术人才的发展和成长将迎来前所未有的机遇。

五、数字科技兴起给证券行业带来的风险和挑战

随着证券行业与数字科技的深度融入，两者已经实现了"你中有我，我中有你"的局面。数字科技本身存在的不完美与证券行业的弊病结合，产生新的监管难题。

（一）传统证券行业面临技术颠覆带来的挤出风险

传统证券行业拥有数据、品牌、客户黏性等资源优势，但在技术研发

---

①② 领英：《全球 AI 领域人才报告》，2017 年 7 月。
③ 加拿大 Element AI 的首席执行官让·弗朗索瓦·加涅（Jean – François Gagné）发布的《全球 AI 人才报告》（2019 年）。

方面却缺少比较优势，数字科技将重塑传统证券行业。当前，传统证券行业自行研发数字产品和应用成本高且短期难以见到收益，因而大部分机构选择与大型互联网科技企业合作。在数字科技的研发等方面将近一半的传统证券行业从业受访者认为，大型科技公司利用数字科技进军证券服务领域将对其业务造成重大威胁。

（二）数据安全和个人隐私保护面临挑战

一是对个人信息的挖掘将加深个体与数据使用机构的矛盾。随着数字科技的发展，数据挖掘的深度与广度的不断加深，数字科技技术与用户隐私保护的关系愈加紧张。二是网络安全隐患或造成数据泄露。当前，大部分金融领域的数字科技应用的底层框架多为第三方技术企业承建，证券公司缺少系统研发和维护的技术人才。潜在的系统漏洞如不能及时发现和修复，证券平台面临数据泄露的风险。数字科技本身在推动创新的同时也带来新的问题和风险，如硬件故障、软件漏洞、网络瘫痪、病毒木马攻击，以及数据失窃密带来的用户信息泄露等风险。

（三）人脸识别等技术滥用带来金融欺诈等问题

当前，部分金融机构推出人脸识别等快捷认证方式，但背后的安全风险也再一次受到监管部门的警示。2019 年 7 月 13 日，中国人民银行科技司司长李伟在第四届全球金融科技峰会上对人脸识别等新技术带来的新风险提出警告，他强调要引导信息技术在金融领域合理的运用，不能滥用技术。舆论也对"刷脸 + 支付"保持高度敏感，公众对数字科技在证券行业的应用信心受到挫折。2019 年 8 月 30 日，一款名为"ZAO"的人工智能换脸软件在社交媒体成为爆款。ZAO 给网民带来新奇体验的同时，也引发对个人信息滥用、侵犯等问题的担忧。2019 年 4 月 20 日，提交十三届全国人大常委会审议的民法典人格权编草案里也新增规定，任何组织或者个人不得以利用信息技术手段伪造的方式侵害他人的肖像权，明确指出未经肖像权人同意，使用 PS 和 AI 换脸不仅侵害自然人的人格权益，还可能造成恶劣的社会影响，甚至危害国家安全和社会公共利益。

（四）算法黑箱、算法歧视带来的技术风险

一方面，专家学者普遍关注算法自身产生的负面效应。近年来，不少媒体和专家揭示了利用数字科技进行信息分发而形成的"信息茧房"效应。算法通过分析用户的网上行为轨迹以及社交关系等定制出一套适用于用户个性特点的信息内容，这一做法在满足了受众的阅读喜好的同时也将信息传播的整体面貌遮盖起来，从而使受众囿于"信息茧房"之内。部分专家和机构担忧，相似的算法模型或将引起不同客户投资方向及动作趋同的现象，证券市场投资行为的高度集中或导致风险在集群效应下放大甚至产生扭曲。然而，对于监管机构如何认定这种由算法带来的偏差行为仍是一个难题。另一方面，算法成为掌控者用来实现个人利益的工具。近年来，媒体报道部分企业利用算法来进行价格歧视、算法"杀熟"，对部分购买能力强的用户以及忠实客户实施同一产品的高价销售。此类以最大化牟利为前提的算法设计因缺少有效的监管措施而大行其道，严重影响市场秩序。在证券行业，对算法的监测监管仍然存在有效性不足的问题，市场违法违规行为同样呈现出隐匿化的趋势。国家人工智能标准化总体组发布的《人工智能伦理风险分析报告》称，有偏见的智能算法会导致各种各样的问题，例如基于智能算法的自动智能决策可能违反人类的道德习惯，甚至违反法律规范等。

（五）数字科技类人化发展带来的挑战将前所未有

未来，数字科技能够对人类部分工作实现完全代替，如智能投资顾问能够完全替代人类进行投资。完全以来机器进行决策一旦在证券行业实现，监管将面临如何定义机器伦理的现实，也必将带来新型社会治理体系构建等系统命题。数字科技的发展带来的一系列权责界定问题以及对社会长期就业结构和社会管理带来的挑战加大。在责任承担方面，由于对数字科技有关产品在法律主体资格认定上存在困难，对相关安全事件的责任认定和划分带来严峻挑战。在当前的监管体系中，被监管的对象一般是自然人或法人，但是对为客户提供投资顾问的"智能代理"，目前的监管法规仍未明确其具体代理行为的监管边界以及责任主体。2019 年 1 月，习近平总书记在省部级主要领导干部坚持底线思维着力防范化解重大风险专题研讨班开班式上强调，要加快科技安全预警监测体系建设，围绕人工智能、基因编辑、医疗诊断、自动驾驶、无人机、服务机器人等领域，加快推进相关立法工作。

数字科技带来风险的主要原因有两点：一是由于数字科技很大程度上是利用开放的互联网进行数据的处理、算法的运行，网络的开放性同时带来了脆弱性。二是对数字科技的安全防范措施存在滞后性。在司法方面，现有的法律法规尚且不足以保护个人健康数据的隐私性。数字科技一系列负面作用对现有的社会秩序造成冲击，对该领域立法提出新要求，同时也增加了数字科技立法的难度。研究普遍认为，国家对数字科技相关基础设施的建设、完善，是数字科技发展的基础，政府在促进数字科技发挥积极作用方面的角色必不可少。政府对新兴科技的顶层设计也决定了证券科技领域的长远规划，积极的政策、规划和战略将为证券行业数字化转型提供宏观支持。促进创新同时又防范风险的平衡监管将促进数字科技在证券行业发挥活力。

六、证券行业发展当前面临的"痛点"

（一）散户占比高，投资决策受非理性因素影响较大

A 股市场以散户投资者为主，交易的投机性较强，换手率高，投资期限较短。从数量看，《深圳证券交易所市场统计年鉴（2020）》显示，截至 2020 年底，深圳交易所（以下简称"深交所"）个人总户数为 2.48 亿户，机构总户数 64.94 万户，个人户占比超过 99%。从成交额看，据统计，A 股机构投资者占比在 20% 左右，远低于 H 股的 60% 和美国股市的 62.4%。

个人投资者的决策容易受非理性因素影响。主要包括：一是过度自信，将成功的投资归功于自己的投资能力，将失败归因于市场环境差等因素，可能导致投资者过度依赖自己的判断，而忽略风险等相关信息。二是处置效应，对亏损的股票存在较强的惜售心理，却过早地卖出盈利的股票，其原因主要是投资者对损失的风险厌恶。处置效应会影响投资者对股票风险和未来收益的客观判断。三是羊群效应，模仿其他投资者进行交易，忽略股票基本面信息，不利于股票市场发挥价格发现的功能。四是心理账户，将不同类型的收益在心理上划分为不同的类型，并在此基础上进行资产配置，而不是以资产组合通盘考虑。总体看，散户交易容易出现非理性投资决策，整体投机性较强，换手率高，投资期限较短，进而降低股票市场价格发现效率，提高股票市场波动率。

（二）证券公司零售业务面临挑战

随着行业准入进一步放开，证券行业竞争日趋激烈，零售业务收入客

户黏度降低、业务模式同质化、佣金率下滑、客户流量红利出现瓶颈等发展问题不断凸显。

1. 客户黏度降低，行业竞争激烈，盈利空间压缩

2015 年 4 月，中国证券登记结算有限公司发文放开 A 股市场"一人一户"限制，允许散户、机构投资者根据需要开立不超过 20 个 A 股账户和封闭式基金账户。政策放开后，投资者可以同时在多家证券公司开户，传统证券公司长期积累的客户黏度趋于下降。从营收情况看，2015～2018 年，我国证券业营业收入从 5752 亿元大幅下跌至 2663 亿元，净利润从 2448 亿元降到 666 亿元，2020 年分别回升至 4398 亿元和 1707 亿元①。同质化的竞争无以为继，促使证券行业不断去寻求新的增长点和发力点。

2. 盈利模式比较单一

与境外投行相比，我国证券公司主营业务以简单化流程性质的通道业务为主，收入受市场影响较大，顺周期性强。收入结构中，承销业务、经纪业务和自营业务收入占比高，资产管理、风险投资等创新性业务收入占比较低，亟须开拓新的盈利空间。随着金融业对外开放不断深入、竞争加剧，证券公司要想占有优势地位，就必须创新各项服务，以差异化、特色化经营形成核心竞争力。

3. 科技进步对传统证券公司发展模式提出挑战

证券公司持有全牌照，享受制度红利。不过，随着技术进步，获得相关拍照的互联网金融平台跨地域开展业务，对传统证券公司经营模式提出挑战。传统的证券公司依靠营业部拓展市场规模的方式成本高、效率低，不再适应发展需要。一些证券公司营销管理体系精细化程度低，不具备营

---

① 资料来源：根据中国证券业协会、前瞻产业研究院公开数据整理。

销和管理优势。数字化和金融科技带来颠覆性变革也让中国证券公司面临转型选择的窗口。

在此背景下，证券公司需主动在竞争方式、业务模式、盈利模式等方面进行调整，以应对变化。跳出价格竞争的困境，坚持客户需求导向，持续提升产品创新、金融产品配置效率，构建核心竞争力；借助科技手段，拓展营销渠道；基于客户画像，提供个性化金融服务；构建金融服务生态体系，增强客户黏性；改革服务的收费模式，向多元化收费模式转型。

（三）投顾业务偏销售，人才储备不足

1. 投顾业务定价体系尚未建立

目前，证券投资顾问业务主要在 2011 年 1 月实施的《证券投资顾问业务暂行规定》中界定。当前投资顾问业务主要通过收取佣金实现盈利，长期依附于经纪业务。在佣金模式下，投资顾问不单独收取投顾费用，而从金融产品（包括股票、基金、投资组合等）供应方获得佣金。很多证券公司投资顾问赚取的不是投资咨询收入，而是销售金融产品和通道服务获取的佣金，投顾人员成为"销售员"的现象十分普遍。从 2019 年大型证券公司的投资咨询业务收入看，招商证券为最高 8.52 亿元，占营业收入的6.3%；海通证券为 5.25 亿元，占营业收入的 3.5%；中信证券为 4.93 亿元，占营业收入的 1.9%①，投资咨询业务收入在其他一些证券公司营业收入中的占比也都较小。

这种现象与现阶段我国金融市场发展不完善、投资者成熟度不足有关。受我国金融市场发展阶段制约，相关法规禁止投顾开展全委托账户管理，

---

① 资料来源：根据招商证券、海通证券、中信证券 2019 年年报公开数据整理。

因此投资顾问的价值无法科学衡量，客户不愿意单独为投顾服务买单。2011年1月开始执行的《证券投资顾问业务暂行规定》首次明确投资顾问可以单独收费，费用可以依据服务期限、客户资产规模，或者差别佣金等方式设定。但国内证券公司投顾业务费用仍以佣金为主，难以形成独立收费模式。客户对专业和高水平的投资咨询服务需求有待进一步的开发和引导。

2. 人才储备不足，服务质量参差不齐

目前，投顾服务的质量主要取决于投资顾问人员。一方面，投顾人才储备不足。截至2019年12月，中国证券登记结算公司数据显示，我国投资者数量达到1.61亿人，中国证券业协会数据显示，已注册的证券投资咨询业务从业人员（投资顾问）仅有4.73万人[①]，服务覆盖率和频率无法满足客户需求。另一方面，投顾服务质量参差不齐。很多投资顾问人员知识结构老化，服务方式停留在传统营销服务模式上，只能向客户提供同质化的基础服务，不能满足客户全市场、全品种、个性化的投资需求。总体看，人才储备和技术能力不足，投资顾问成本高、收费高，已严重制约证券公司为客户提供专业化、差异化投顾服务。

（四）证券公司满足投资者多样化、专业化要求的能力有待提升

投资者的个性化需求增多、资产类别增多、影响资产价格的因素增多等因素，对证券公司的服务能力、管理能力、投资能力提出了更高要求。

一是个性化投资需求增多。我国居民财富日益增长，对理财的需求持

---

① 资料来源：根据中国证券登记结算公司、中国证券业协会公开数据整理。

续提升。从规模看，招商银行和贝恩公司联合发布的《2021 中国私人财富报告》显示，2020 年中国个人可投资资产总规模达 241 万亿元人民币。从人数看，我国互联网理财用户规模从 2015 年 2.4 亿人快速增长至 2020 年 6.1 亿人。

二是可投资的资产类别增多。国内市场上，多层次资本市场体系持续完善，科创板于 2019 年 6 月 13 日正式启动，北京证券交易所于 2021 年 9 月 3 日注册成立，基础设施领域不动产投资信托基金（REITs）试点稳妥推进。国际联通方面，港股通、沪伦通、债券通等机制创新，拓展了市场范围和可投资的资产类别。

三是资产价格的影响因素趋于多样化。当今科技迅猛发展、信息高效传播的背景下，一些传统证券分析以外的因素对价格的影响越来越强，可能改变不同资产之间的价格联动关系，破坏现有投资策略的有效性。典型的案例是 1998 年倒闭的美国长期资本管理公司（long-term capital management，LTCM），其投资策略是基于对历史数据中证券相关性规律的总结。然而，1998 年金融动荡下原本呈正相关的德国和意大利等国债券价格涨幅变为负相关，原本的套利策略不再成立，高杠杆的金融衍生产品进一步放大了亏损规模。

七、金融科技背景下证券行业 数字化转型的政策建议

随着近几年数字科技飞跃发展，数字科技在金融行业的应用场景迅速扩展，在几乎所有证券行业的业务领域都能发挥作用。充分发挥数字科技在证券行业的恰当应用，能够有效缓解证券行业发展的痛点，全面助力证券行业进行数字化转型。

（一）推进数字科技在客户分类和智能客服中的应用

1. 客户分类

客户分类是智能营销和服务的基础，准确的客户分类有助于降低营销成本，提升营销效率。传统的客户分类方法主要有三种，即人口统计分类、行为分类和价值分类。人口统计分类法基于人口统计变量划分客户群体，如性别、年龄、收入、职业、教育水平等。行为分类法基于客户以往的行为来分类，基本假设是以往行为可以预测客户将来的行为。价值分类法基于客户价值进行分类。总体看，传统的客户分类方法侧重于客户的某方面特征，且往往是静态的分类，在实践中的实用性不足。

相比传统客户分类方法，运用数字科技进行用户画像，可以更加精准地捕捉客户需求，提升营销和服务效率。上述技术的优势在于：一是建立多维度、精准的用户画像。按照风险偏好、交易风格、资金规模、生命周期、盈亏情况等情况进行分类，针对不同客户群体的客户设计出适用于不同业务、不同场景的服务策略和产品策略。随着数字科技迅速发展，证券公司积极搭建自己的数据平台，并在此基础上进行智能营销。二是挖掘中小投资者需求。传统客户分类体系中，中小客户往往成为弱势群体，对证券公司收益的贡献也较小。基于人工智能、大数据的客户分类体系，可以有效降低信息获取成本和服务成本，形成提供金融服务的规模效应，满足中小投资者需求的同时增加盈利。

证监会于 2018 年 5 月发布的《关于规范证券公司借助第三方平台开展网上开户交易及相关活动的指导意见（征求意见稿）》第九款规定："证券公司借助银行、信托公司、保险公司提供的第三方平台开展网上证券业务的，立即停止新增客户，在本指导意见发布之日起六个月内，引导存量客户通过证券公司自有渠道开展网上证券业务，并终止在相关第三方平台上开展网上证券业务。"在此背景下，证券公司更要做好客户分类管理，深挖存量客户需求。

2. 智能客服

智能客服可以拓展客户服务的广度与深度。相比传统客服基于大量客服人员设立的客服中心，智能客服基于数字科技可以模拟特定场景下的人类对话，智能识别服务需求，提供解决方案，大幅提升服务效率和服务体验。深度学习算法使语音识别的准确率提升到90%以上。同时，智能客服把客服工作人员从繁杂的知识检索等任务中解放出来，有助于降低客服成本，使客服工作人员从事具有比较优势的高净值业务。

（二）加强数字科技在智能投顾中的应用

智能投顾，早期称为机器人投顾（robo adviser），是指金融机构利用数字科技，通过了解投资者的理财需求、风险偏好和财务状况等信息，结合市场状况、投资产品等数据，为投资者提供资产配置方案，依市场行情动态调整持仓，进行智能财富管理，满足投资者多元化和个性化的投资需求。换言之，机器人投顾主要是传统人工投顾服务在资产配置环节的自动化，一般拥有投资者的风险测评、投资组合购买等功能；而智能投顾则在机器人投顾基础上，以客户目标为导向，根据市场变化，动态优化资产组合，实现风险收益最大化。智能投顾采用数字科技，有助于形成更精准的投资组合决策，降低证券公司的成本，实现盈利模式多元化，大幅拓展服务的覆盖面，也有助于缓解投资者的情绪对投资决策的影响，提升投资者决策的科学性。

从智能投顾的理论基础看，根据现代资产组合理论，如果能够有效把握各类资产的风险、收益、相关性等情况，可以求得最优投资组合。从技术基础看，智能投顾运用云计算、大数据以及机器学习等技术，投资策略由算法自动生成，经过不断学习和改进模型，实现风险收益的最佳匹配方案。智能投顾服务的关键能力主要体现在：一是精准识别客户真实投资目标和约束。二是投资组合模型开发能力强，充分利用各类市场信息，进行多元化投资，获得超额收益和分散性投资收益。三是风险管控效率高，实时自动监测市场状况，识别投资组合风险并预警，及时调整资产组合或进行止损。

只有不断加强数字科技在智能投顾中的应用，才充分体现智能投顾的五点优势。

一是门槛低，增加了投资顾问服务的覆盖面。传统投资顾问主要由专业人员提供，成本高，主要服务于资产百万元以上的高净值客户，难以覆盖同样具有资产保值、增值需求的中低净值客户。相比之下，智能投顾的门槛通常在 1 万~10 万元之间，钱景私人理财甚至把对客户投资金额的最低要求降到零①。

二是费率低。传统投资顾问由专业人士担任，人力成本高，规模效应不明显，带动传统投资顾问的管理费普遍高于1%。相比之下，智能投顾主要依赖数字相关基础设施和技术，投资策略制定自动化，营销手段的网络化，规模效应明显，管理费普遍在0.25%~0.5%之间②。

三是投资标的范围广。传统投资顾问带有一定的产品销售性质，倾向于推荐可以收取佣金的资产品种，不利于资产配置最优化。相比之下，在投顾服务单独收费、不依附经纪业务基础上，智能投顾平台通过合作网络拓展资产池，为用户边际改善最优资产配置组合。

四是服务流程标准化、高效。传统投顾服务主要依赖专业人士，服务

---

① 高瑞楠：《【原创】智能再次来袭，于智能投顾，你知道多少?》，搜狐网，2016 年 11 月 3 日。

② 《智能投顾的风口已来? 别急，没你想的那么快》，搜狐网，2019 年 4 月 4 日。

标准不统一，流程相对复杂，受时间、场地限制。相比之下，智能投顾不受时间、场地限制，操作流程简单仅需几分钟，服务效率高；智能投顾的服务流程更加标准化，对投资理念、金融产品选择范围、收取费用等披露更充分，基于多元的理财目标提供丰富的定制化场景。以摩羯智投为例，选定投资期限、风险承受级别后，系统自动给出覆盖股票、固定收益证券、现金及货币等类别的投资组合，涉及的公募基金，以及对应的资金配比。

五是稳定性更高。传统投资顾问的投资建议随投资顾问不同而具有较大异质性，且难以避免受到顾问主观判断的影响，整体上不够稳定。相比之下，智能投顾基于特定的资产配置理论和信息，投资建议具有较强的逻辑一致性，能够弱化投资者心理因素的影响。智能投顾严格执行程序或模型给出的资产配置建议，当市场行情的变动时，智能投顾在事先预设的条件下，通过买入、卖出的操作重新优化资产配置，避免受投资顾问或客户的心理因素影响，投资决策专业且客观。

（三）深化数字科技在智能交易中的应用

采用数字科技，识别获利空间，有助于提高证券市场价格发现的效率。程序化交易，程序化交易策略主要包括组合管理策略、套利策略、方向型交易策略和做市策略四大类。

一是组合管理策略。首先是组合选择策略，包括被动型和主动型。被动型组合选择主要是指数基金类，追求与标的指数大致相同的收益。主动型组合选择就是常见的量化 Alpha 选股策略。其次是组合风险管理策略，包括组合保险策略和套期保值策略。组合保险策略的特点是收益不对称性，即通过资产组合配置限制损失规模，但收益上不封顶。套期保值策略通过在期货市场建立与现货相反的头寸进行对冲，规避现货资产风险。

二是套利策略。通过识别相同或相关资产价格中暂时出现的不合理价差，调整头寸，在价差缩小或消失以后，平仓获取获取利润的交易行为。常见的套利策略有两种：其一是无风险套利策略，主要是利用相关资产的价格趋同进行套利，包括股指期货期现套利和 ETF 套利。其二是风险套利，主要是利用不合理的价格背离，建立相应头寸进行套利，包括跨市套利、跨品种套利、配对套利等。

三是方向型交易策略。利用量化模型对价格走势进行预测，即可以是中长期的预判，也可以基于市场信息或事件研判证券价格短期走向。短暂方向性策略有时可能会造成市场冲击和剧烈波动，比如新闻冲击带来的大量的止损交易。

四是做市策略。通过向市场提供双边报价限价指令，获取收入。目前，传统做市商和采用做市商策略的投资者，基本上都采用高频手段做市。

基于基础信息的传统统计模型难以持续在市场中取得超额收益，而智能交易可以借助机器学习、自主学习，挖掘大数据中有价值的信息，生成交易策略，提升投资表现。作为程序化交易发展的进阶版，智能交易是对智能投顾的有益补充，其优势主要体现在两方面。一方面是机器学习（尤其是主流的深度神经网络模型）在自然语言处理、图片识别等方面的准确度明显高于其他算法，极大提升了数据采集和处理能力。既可以处理容易量化的信息，如技术面、资金面信息，又可以用自然语言处理、图片识别等多种技术处理难以量化的信息，如关乎股价的所有新闻报道、社交平台的相关讨论等。另一方面是智能交易系统善于自主学习、推理和决策。智能交易系统通过全面分析交易场内、场外的各种影响因素，发掘出人脑无法识别的隐含规律，并利用这些隐含规律，选择最佳交易策略，获取超额收益。相比程序化交易，证券投资智能系统不仅采用大规模机器学习的方式生产投资策略，结合用户的投资风险收益偏好，而且可以进行智能交易代理，支持复杂策略交易需求。

从个人投资者角度看，智能交易系统可以提供专业投资指导、定制化的策略，提高预期收益；通过获取和处理大量信息，不断自我改进，改善个人投资者在信息方面的弱势地位。投资决策具有一致性的特点，可避免一些心理因素引起的失误。从证券市场看，人工智能交易系统的广泛应用可以显著完善证券市场的价格发现功能，提升市场效率。

目前，面临金融市场发展阶段和相关法律法规约束，我国还没有真正意义的智能交易。从国际上看，美国的综合监管框架对智能交易的发展具有显著助推作用。美国文艺复兴科技（renaissance technologies）、量化对冲基金 Two Sigma 以及对冲基金桥水都采用了量化交易、智能交易策略。美国证券业监管强调系统安全性、策略安全性、投资者保护等。一是熔断机制，即暂停短时间（5 分钟）内大幅（10%）波动的股票交易。熔断机制最早由纽约证券交易所于 1988 年提出，1990 年获美国证监会批准，个股的熔断范围逐渐扩大（张银旗等，2017）。二是市场接入的风险管控。2010 年美国证监会的《针对经纪和交易商市场接入的风险管理控制》提案，禁止经纪交易商向客户提供无资金校验的免审核通道。三是交易大户报告系统（2010 年实施），为交易大户分配识别代码，要求其在交易次日将交易记录上报美国证监会。四是算法交易监管。2015 年 3 月，美国金融监管局发布《算法交易策略的监督与控制指引》强调交易公司的自我监督责任。2015 年 11 月，美国商品期货交易委员会（CFTC）发布自动化交易规则，要求算法交易者注册为场内交易者，高频交易者需符合 SEC 的市场准入规则和会员要求。投资者保护方面，美国注重检测故意操纵市场行为，保障市场信息公平性等。一是禁止闪电指令；二是取消错误交易，即报价明显偏离稳定价格的情形，由美国证监会于 2009 年推出，且继续错误交易的界定标准进行了修订；三是禁止无成交意向报价，要求做市商在实时全国最佳报价附近的预设区间内报价，避免误导其他投资者决策，影响交易价格或交易量。此外，SEC 注重对交易进行实时监控，并于 2013 年 1 月启用市场信息数据分析系统（MIDAS）。

（四） 加强数字科技在智能投研中的应用

传统证券行业的行业研究中，从业人员需要人工进行大量信息检索、分类、解读，并在此基础上进行分析，数据处理效率较低，且研究质量和深度依赖于人员专业程度。相比之下，采用数字科技，有助于丰富研究资料的来源，提高研究效率和智能化程度。智能投研利用数字科技进行金融数据分析与研究，涉及技术包括大数据、机器学习、自然语言处理和知识图谱等，可以简化数据（尤其是非结构化数据）搜集过程，增加数据广度（如监管政策、行业数据、社交媒体、另类数据、新闻舆情等），自动分析数据，建立知识图谱，提高研究的智能化程度和精确度。

（五） 加强数字科技在风险管理中的应用

传统的上市公司监管主要存在三方面不足：一是数据完整性存在不足。上市公司及其股东相关信息不全面、不完整，监管部门间仍存在信息壁垒。二是风险识别能力有限。随着数据量日益增多，风险形态日趋复杂，违规行为隐蔽，对传统的风险识别方法带来了严峻挑战。三是时效性不够强。对一些细分领域的数据采集、处理、风险预警的及时性等方面存在不足。

数字科技提高了证券业风险管理系统的有效性和系统性。一是借助机器学习、特征识别等技术，充分发挥大数据优势，构建统一的高并发、低时延的风险控制平台，提升征信、反欺诈、风险预警等方面的效率，增强风险管理的全覆盖、高效性和自适应性。二是通过科技赋能，建立行业协同风险监控平台，增强风险管理的联动性和覆盖率，形成优势互补，精准定位风险源头和传染路径，增强对复杂业务风险的监控能力，提高行业风险管理能力和风险防范水平。

参考文献：

［1］巴洁如：《"智能投顾"监管的国际实践》，载《金融电子化》2017 年第 9 期。

［2］曹永强：《金融科技对券商运营模式影响逐渐凸显》，载《证券时报》2019 年 7 月 15 日。

［3］方贤进、肖亚飞、杨高明：《大数据及其隐私保护》，载《大数据》2017 年第 9 期。

［4］李莹：《智能投顾的制度建设》，载《中国金融》2017 年第 16 期。

［5］孟天广、郭凤林：《大数据政治学：新信息时代的政治现象及其探析路径》，载《国外理论动态》2015 年第 1 期。

［6］莫菲、许昌清、赵大伟：《"链"通未来——区块链原理、实践与案例应用》，中国金融出版社 2020 年版。

［7］伍旭川、陈明利：《在路上——我国金融科技的发展趋势和监管方向》，载《当代金融家》2016 年第 11 期。

［8］肖翔、王平、周钰博：《人工智能金融应用原则思考》，载《中国金融》2020 年第 13 期。

［9］徐瑞慧、赵大伟：《发展人工智能技术 破解证券行业痛点》，载《清华金融评论》2020 年第 8 期。

［10］徐忠、孙国峰、姚前等：《金融科技：发展趋势与监管》，中国金融出版社 2017 年版。

［11］张家林、李鑫、齐轩：《人工智能投资顾问的发展与 FINRA 监管报告解读》，载《创新与发展：中国证券业 2016 年论文集》2017 年 10 月。

［12］张晓露、马先仙：《大数据在金融行业中的应用研究》，载《时代金融》2019 年第 9 期。

［13］张银旗、张屹君、孙逸文、秦川：《程序化交易风险管理及境外相关经验借鉴》，载《创新与发展：中国证券业 2016 年论文集》2017 年10 月。

［14］赵大伟：《区块链技术在产品众筹行业的应用研究》，载《吉林金融研究》2017 年第 4 期。

［15］赵大伟、李建强：《智能金融时代》，人民日报出版社 2021 年版。

［16］郑志来：《"互联网＋"背景下共享金融发展路径与监管研究》，载《当代经济管理》2016 年第 7 期。

分报告三

数字证券的生态系统：
内涵、结构及参与者*

摘　要： 本报告首先基于金融学证券的定义和计算机中分布式账本技术，阐述了数字证券的外延和内涵。在此基础上，本报告概述了数字证券的发展规模、生态、其发行和交易的机制以及在此约束下技术基础的选择，这些因素共同构成了数字证券当前的应用形态。最后，本报告归纳总结了数字证券各个环节的参与者及其规模，展示了数字证券的图景，对未来的生态发展作出了展望。

关键词： 数字证券　生态　技术基础　参与者　规模

一、数字证券的内涵及规模

（一）数字货币、数字资产与数字证券

自从 2009 年比特币诞生以来，比特币网络作为一个以比特币为计价单

---

　*　本分报告由戴韡、曹元、马洋洋、孙翼、肖骅宸执笔完成。戴韡，中央财经大学金融学院副教授，金融科技系主任；曹元，探针集团联合创始人、董事，海南省区块链协会副会长；马洋洋，探针集团首席产品官；孙翼，中国人民大学财政金融学院金融科技硕士；肖骅宸，中央财经大学金融学院金融学硕士。

位的支付系统，无须维护地稳定运行了数年，其背后的分布式记账技术（DLT）也进一步被人们所熟知。然而，以比特币为首的区块链相关资产具有高波动性和高投机性，典型的事件就是 2018 年比特币关注度达到高点，暴涨后又发生了暴跌。这些事件使得人们对这些打着数字货币旗号的私人发行区块链资产的内在价值产生怀疑。迄今为止，一方面，比特币的价值依然充满争议，多位经济学家和业界专家坚称比特币并不具有对应其如此高的价格的内在价值。另一方面，目前人们对于区块链和其他形式的分布式账本技术在金融领域具有的价值已形成广泛共识。把资产登记在分布式账本上可以形成稳定安全的记录，进一步地方便发行代币，实现资产证券化，进而提高流动性并用于融资。人们已经看到，分布式记账技术的透明性、长久性、安全性和数字特性，在金融资产的登记和交易中即将发挥日益重要的作用。在分布式账本上，可以进一步加载智能合约，从而实现资产满足条件时自动转让交易，实现金融衍生品的功能。这些功能的加载和实现，都进一步提升了金融市场对这项技术的信任和信心，数字化技术也能进一步提升金融市场的效率和安全性。

证券，是多种经济权益凭证的统称，也指专门的种类产品，是用来证明券票持有人享有的某种特定权益的法律凭证，是当前金融活动最主要的载体。以分布式记账技术来登记和发行证券，也被称为数字证券，是目前金融市场非常关注的金融变革。

首先，我们回顾传统金融中证券的概念。一般来说，证券主要指的是证券市场中的证券产品，其中包括产权市场产品如股票，债权市场产品如债券，衍生市场产品如股票期货、期权、利率期货等。在美国 1933 年的《证券法》与 1934 年的《证券交易法》中，对证券给出了宽泛的定义，既包括了一般意义上用于投资的证券，比如股票、债券，也包括了多种非标准的证券，比如条文中规定的"收益证明或参与收益共享安排的证明""投资合同"以及"一般而言，被普遍认为是证券的所有收益或工具"。《中华人民共和国证券法》用列举的方式说明了，"在中华人民共和国境内，股票、公司债券、存托凭证和国务院依法认定的其他证券"都是证券的范畴。

在法律判决中，常用"豪威测试"以及"里夫斯测试"等来进行是否是证券的判断。"豪威测试"是美国联邦最高法院在 1946 年的一个判决（SEC v. Howey）中使用的一种判断特定交易是否构成证券发行的标准。如果被认定为证券，则需要遵守美国 1933 年《证券法》和 1934 年《证券交易法》的规定。该测试的主要标准如下：

（1）是金钱（money）的投资；

（2）该投资期待利益（profits）的产生；

（3）该投资是针对共同事业（common enterprise）的；

（4）利益的产生源自发行人或第三人的努力。

在本报告中，我们从学术探讨以及市场前瞻的角度，采用如下的证券定义（邢会强，2019）：该定义涵盖了"豪威测试"与"里夫斯测试"的共性，认为"证券是投资者为了获取利润而取得的代表投资性权利的凭证或合同，投资者之间共同进行了投资或者它允许投资者对外拆分转让该证券，它具有损失本金的风险且该风险未受其他专门法律的有效规制。证券的构成要件有三个：（1）投资性，即投资是为了获取利润；（2）横向共同性，即投资者之间共同进行了投资或者它允许投资者对外拆分转让该证券；（3）风险裸露性，即在未受证券法的规制之前，它有损失本金的风险且也未受到其他专门法律的有效规制"。本书后续提到的数字证券，都基本符合这个基本定义，都是这个概念下的证券。

其次，我们来回顾证券数字化的相关技术，进一步界定数字证券的技术边界。事实上，传统证券的数字化可以追溯到证券的无纸化。起初，所有的证券都是有实体的，证券的交易伴随着实物券的交换。然而随着证券存管机构的发展，及其服务范围进一步扩张，实物券完全不必取回就可以进行交易，因为证券存管业务已经覆盖整个交易范围，而证券存管机构可以通过账户来记录证券持有人的权益变动。这一转变被称为证券的固化（immobilization）。既然实物券的交付已不再是转让证券权益所必需的要件，实物券的纸面形式就失去了重要性，于是再发行证券时就可以将印制证书的成本节约下来，只以账户数据来记载和区分证券权属。这就是证券的无纸化（dematerialization）（邓丽，2008）。我国由于包袱较少，自1991年始，上海证券交易所（上交所）成立之初就开始推行证券无纸化，至1999年，在我国大陆证券市场上，证券发行和交易彻底实现了无纸化。

当前的电子证券，在技术上，基本上是基于中心化的服务器来实现的；在金融上，则基于对应的证券登记和证券存管制度来实现。一个统一的证券市场往往有统一的中央证券存管机构（central securities depository, CSD），该机构可以将物理形式的证券固化（immobilization）或者实现证券无纸化（dematerialization），从而使证券表现为电子记录，证券交易得以通过簿记系统进行。中央证券存管机构具备充分的社会公信力，因而能够在确定证券权属方面发挥举足轻重的作用。

随着区块链技术的诞生，人们看到了进一步推进证券无纸化进程的技术手段。中央证券存管机构的运行过程中，虽然使得证券的登记和交易大为便捷，但仍存在一些问题。而这些问题，恰恰是区块链技术可以解决的。

第一，证券交易的前台系统承担着撮合交易的功能，而后台系统则负责交易的清算与交收，这两个系统的流程和环节较多，因此各交易所处理交易的时间与资金成本过高；同时，不能在交易当日完成实时结算也给资本带来了潜在风险。相反，区块链能够简化（甚至自动化）冗长的交易流程，实现证券发行人与投资人点对点的直接交易，减少前台和后台交互，从而节省大量人力和物力。

第二，传统的证券市场以交易所为中心，而交易所的交易系统则保证了全部交易的正常进行，一旦系统被攻击或因其他原因出现故障，就会导致整体网络瘫痪，交易终止。区块链技术利用多分布式节点和高性能服务器来支撑点对点的网络，保证了整体运作不会因部分节点遭受攻击或出现问题而受到影响。

因此，综合以上金融和技术的角度，我们把依赖于分布式账本的、符合证券定义的金融产品定义为一个新的产品类别，命名为"数字证券"并研究其对应的市场。数字证券和数字货币、数字资产等新兴概念有一定的交集，但事实上是完全独立于这些概念的。有些数字货币，例如比特币，其背后并未对应现实世界中的资产，也不作为特定的项目获得现金流，但是作为世界上第一个分布式的、安全性高的多方同步记账账本，比特币自有其内在价值，因此可以作为一项数字资产，而不能列入数字证券。同样的，当下非常流行的非同质化代币（non - fungible token，NFT），常见为数字艺术品的代表，因为背后资产的不可拆分转让特性，一般也不把它列为数字证券。当然，由于 NFT 的数字特征，使得其易于做重组，成为指数产品，因此 NFT 的组合对应的现金流则处在一个边缘地带。美国证券交易委员会（SEC）委员海斯特·皮尔斯（Hester Peirce）在采访中就表示，NFT 指数篮子的发行人可能在无意中分发投资产品，需要面对 SEC 的监管。

（二）数字证券的产生背景

回顾通证经济的发展历史，区块链在金融领域的实践，主要经历了以下三个阶段：

（1）以比特币为首的私人数字货币的发行。比特币的产生，宣告了个人可以在互联网发行去中心化的无主代币。而以太坊的诞生则宣告了此类代币可以构建更加复杂和高级的应用，替代各种纸质证券，进一步地推动了 STO 等各类数字证券的雏形。

（2）公司发行的稳定币的兴起。其典型代表是 Facebook 公司即将发行的数字货币 Libra。面向更大的客户群，拥有更好的流动性，以及和现实的金融产品相关联的特性，进一步推动了数字货币在互联网的应用。其他如摩根公司发行的 JPM Coin，则推动了区块链在供应链和票据融资贷款中的应用。

（3）法定数字货币的出现。这是以国家主权为代表的区块链金融产品，法定数字货币上也同样搭载了智能合约，例如中国的 DCEP。由于其央行发行的背景，天然的将成为已有的证券产品向区块链环境迁移的载体。

（三）数字证券的发展规模概述

首次代币发行（ICO）作为一种去中心化的融资方式，通过发行代币（也作"通证"，token）筹集资金。2013 年，万事达币（mastercoin）尝试进行 ICO，这是最早可查的 ICO 的区块链的项目。在舆论的推动下，ICO 迅速火遍全球，网络上中充斥者各种各样的"暴富神话"，市场价值存在剧烈波动。由于发行成本低，缺乏有效的监督机制，ICO 项目诈骗现象频出。2017 年 9 月 4 日，我国发布《关于防范代币发行融资风险的公告》，将 ICO 确定为一项未经批准的非法公开融资行为。ICO 泡沫破裂，其影响迅速扩散至全球。

在 ICO 光环褪去的同时，STO 迅速发展起来。2018 年 8 月，美国公司 tZERO 通过 STO 募集 1.34 亿美元。2019 年 4 月，法国兴业银行集团旗下子公司 SFH 在以太坊发布证券型通证 OFH，发行价值 1.12 亿美元的担保债券。近几年，STO 募资规模迅速增长，2018～2020 年第一季度，数字证券全球募资总金额达到 81 亿美元。

从 2017 年起，STO 实际筹资额与目标筹资额一直保持增长状态，且两者之间的差距有缩小的趋势，其社会认可度正在提高。2018～2019 年，

STO 筹资额增速放缓（见图 3－1），可能是因为国家政策对数字证券发行的限制，比如我国中央银行在 2018 年 12 月 8 日召开的第二届中国互联网金融论坛上指出，数字证券为非法金融活动。2021 年，数字证券市场出现反弹，根据 Absolute Reports 的预测，2021 年全年 STO 实际募集资金可达 21.27 亿美元。预计数字证券市场在未来几年迎来爆发。

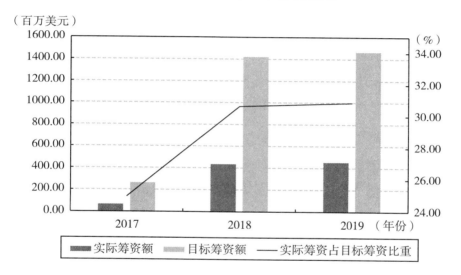

（百万美元）

图 3－1　STO 每年目标筹资额与实际筹资额之间比较

资料来源：2017～2019 年第一季度数据为 BlockState 通过调研统计得出，其他时间段数据为 BlockState 根据市场信息作出的预测。

从各国 STO 数量上看，美国具有绝对优势，截至 2019 年第一季度，STO 数量约为第二名瑞士的 2.4 倍。在 STO 项目排名前十的国家中，有 6 个国家处于欧洲。当前 STO 市场主要集中在欧洲与北美洲，这可能与不同地区国家政策对数字证券的不同态度有关。相比于亚太地区，北美、欧洲市场对数字证券有着更高的包容性（见图 3－2）。

从行业分布来看，STO 发行集中于金融业，具有很强的行业聚集性（见图 3－3）。截至 2019 年第一季度，金融业共有 STO 项目 50 项，约占发行总数的 40%。除金融业之外，区块链和房地产也是数字证券青睐的行业。

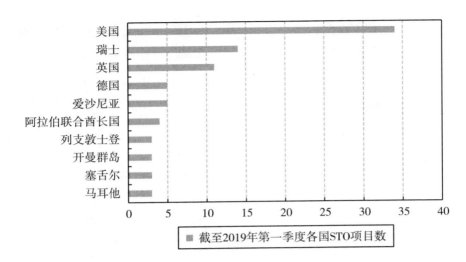

图 3 - 2 STO 项目排名前十的国家

资料来源：BlockState.

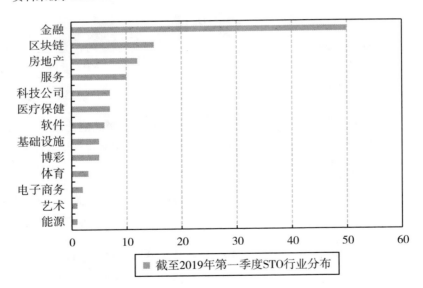

图 3 - 3 STO 项目行业分布

资料来源：BlockState.

区块链行业共有 STO 项目 15 项，约占发行总数的 12%。房地产行业共有 STO 项目 12 项，约占发行总数的 9.6%。

二、数字证券生态的结构与发展

（一）数字证券生态概述

近年来，随着金融科技的发展，尤其是区块链技术在金融领域的快速推广，各国政府、投资机构、技术社区都表达了对数字证券的关注，越来越多的传统金融公司和新兴科技公司加入数字证券行业中，数字证券的产业生态逐步完善。2020年以来，受新冠肺炎疫情的影响，各大金融机构对数字资产愈发重视，数字证券作为其中具有代表性的产品，在全球范围内逐步构建出一套现实资产数字化的全路径生态，并以智能合约为介质，在去中心化金融体系中逐步瓦解现实资产数字化后的流动性障碍。

与传统证券行业类似，数字证券生态也包括发行、流通和监管三个主要部分，并有托管机构、银行、投资机构等主体参与，但由于其本身所具有的数字化特性，数字证券的生态结构与传统证券的生态结构还存在不同①。

首先是技术底层设施，数字证券以区块链作为其底层技术支持，相应地，就需要有区块链技术公司担任技术提供商，并开发数字证券发行平台和一系列交易平台、流动性平台、数字钱包等，并提供身份验证、交易系统安全保护等服务，供数字证券发行商、交易商及交易者使用。

其次是交易所，由于监管及技术原因，目前数字证券还不能在纽约证券交易所（纽交所）等主流交易平台交易，但可在 tZero 等另类交易系统（alternative trading system，ATS）持牌所及 OSL Digital Securities、Fusang 等新型证券交易所交易。这类数字证券交易所通常使用去中心化交易平台和

① 加密金融实验室：《2019 数字证券（STO）研究报告》《2020 数字证券（STO）生态研究报告》；RedBlock 研究院：《数字证券生态系统参与者概述》。

智能合约执行交易条款。

最后是监管机构，由于数字证券兼有数字和金融属性，不同于传统证券行业只针对金融机构、发行和交易主体进行监管，一些学者提出，应该将数字证券相关平台的技术提供商纳入监管范畴，即在原有基础上扩大监管范围，这一观点得到了多个国家的支持。未来，随着各国监管态度更加明晰，参与数字证券生态中的监管机构可能会增加。

综上，我们可以描绘出数字证券的基本生态结构如图 3 – 4 所示，各参与方基本职能如表 3 – 1 所示。

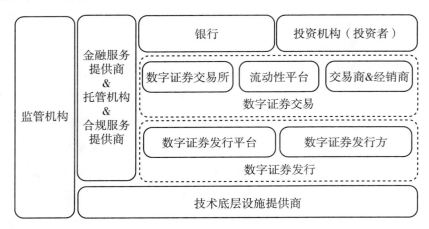

图 3 – 4   数字证券生态结构

表 3 – 1   数字证券生态参与方简介

参与方	基本职能
技术底层设施提供商	利用区块链技术为资产数字化、交易隐私保护、交易系统安全保护等服务提供技术支持的机构
数字证券发行平台	提供资产数字化技术及合规发行解决方案的机构
数字证券发行方	将自身所具有的资产进行通证化的机构
数字证券交易所	数字证券交易的平台
流动性平台	为数字证券提供流动性的平台，通常具有价格发现功能
交易商＆经销商	促进数字证券二级市场交易的平台

续表

参与方	基本职能
银行	利用数字证券提供通证化、托管和清结算业务的银行
投资机构（投资者）	投资数字证券相关公司的投资机构（或个人）
金融服务提供商 & 托管机构 & 合规服务提供商	提供资产托管、合规支付、数字钱包等服务的机构，帮助持有者安全地存储并交易数字证券
监管机构	制定数字证券相关条例，并监督数字证券参与者进行合规交易的机构

（二）数字证券的发行与交易

数字证券主要依托区块链技术，区别于传统的首次公开募股（initial public offering，IPO）模式，但是也不同于各类加密货币项目通过首次代币发行（initial coin offering，ICO）或首次交易所发行（initial exchange offering，IEO）方式融资，数字证券的发行采用安全通证发行（又称证券型通证发行，security token offering，STO）模式，其目标是在一个合法合规的监管框架下，进行通证的公开发行（见表 3 - 2）。作为一种基于区块链的创新型投融资新模式，STO 明确其发行的通证具有证券属性，代表持有者对资产、权益或债务证券的所有权。目前，STO 发行的通证在多个司法管辖区内受到证券法保护。

表 3 - 2　　　　　　　IPO、ICO、STO 的对比

发行项目内容	IPO	ICO	STO
发行主体	企业	企业、机构、个人	企业
发行形式	股票	通证、代币	通证
发行门槛	高	低	中
向监管部门备案	是	否	是
监管程度	高	低	中

续表

发行项目内容	IPO	ICO	STO
投资者身份核验	是	否	是
流动性	低	高	高
投资者权益	股利、质押	在一定社群内代币可交易	通证代表的股权、债券或实体资产等
投资风险	中	高	中

STO 本身的监管属性决定了数字证券的发行环节需要监管机构的参与，大致可以分为项目设计、合规化处理、通证发行和投融资对接四个环节，涉及数字证券发行方、数字证券发行平台、交易商、监管机构等主体，基本的流程如图 3 - 5 所示。

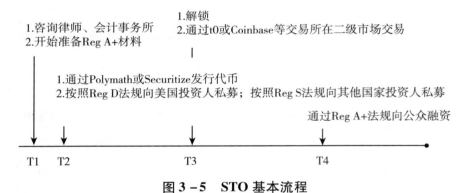

图 3 - 5　STO 基本流程

投资者是金融市场不可或缺的参与方，在数字证券市场也是如此。数字证券的投资者主要可以分为专业个人投资者、社区投资者、二级市场交易者以及面向更为大宗交易的银行等机构型投资者。对于投资者进行数字证券的认购，采用的是更加严格的认购资格审核，对投资者的身份和资质都需要进行审核和监管。

1. 专业投资者

专业投资者可以通过认购股份或债券的方式对一家公司进行投资，在早期即可参与数字证券的认购。这部分投资者具有较为专业金融投资经验，对数字证券有着专业投资认知。作为数字证券的投资者，这部分投资者需要符合 KYC/AML 的监管要求。

相对于传统证券市场，数字证券的发行具有更加灵活的发行方式和更低的发行门槛，能为专业投资者提供更多的数字资产的投资渠道。反过来，专业投资者对于数字证券的发行方也意味着更加专业的市场认可。

2. 社群投资者

数字证券主要是依托区块链技术进行发行上市的，因此相较于传统的投资群体，数字证券的投资群体具有明显的区块链行业特色。区块链应用各种共识机制构建起强大的社区共识，基于区块链的数字证券也同样具有社区属性，因此，发行基于区块链技术的数字证券时，有大量区别于其他投资者属性的社区投资者，这些投资者是数字证券发行的深度参与者，对一个数字证券所承载的商业价值有更加深刻的认知。而对于数字证券的发行机构来说，这部分社区投资者对机构的商业发展具有更加深远的意义和影响。

3. 二级市场交易方

数字证券在发行平台发行，发行上市之后即可在交易平台进行交易，二级市场交易方即是在交易平台进行下单交易的投资者，这部分投资者同样符合相关 KYC/AML 监管规定。值得注意的是，在二级交易市场交易的投资者中，有一部分承担了提高数字证券流动性的专业做市商。在二级市场交易的投资者在具备专业的投资认知以外，还需要一定的二级市场交易技巧。

4. 投资银行

投资银行作为专业的投资机构，主要参与数字证券的早期投资。作为大型投资机构，投资银行也会向数字证券发行方提供专业的投融资建议，帮助为数字证券发行方更加便捷地进行数字证券发行和上市。

（三）数字证券的合规与监管

不同于数字货币，数字证券从诞生之初就强调其合规性，但许多想要参与数字证券发行和交易的机构对数字证券合规化了解不足，此外，在中心化的时代，合规的实施是通过中心化的交易所完成的，但在区块链系统中，需要在通证的智能合约中嵌入可执行的合规指令，相当于将监管框架进行了程序化，需要技术机构帮助项目方完成此项工作。在这种情况下，数字证券的合规服务提供商应运而生。目前，数字证券合规服务提供商主要仍集中在 KYC/AML 方面。图 3-6 和图 3-7 分别展示了各个国家合规服务提供商数量和各个地区合规服务提供商占比。美国的合规服务提供商数量多达 13 家，北美和欧洲的合规服务提供商占比超过了 90%，这也间接说明了美国和欧洲在数字证券合规发行方面的积极探索。

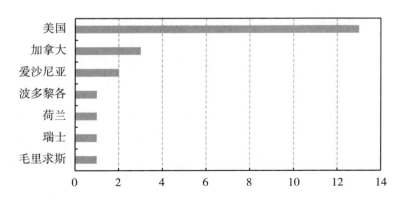

图 3-6　各个国家合规服务提供商数量比较

资料来源：笔者根据 stowise 网站上的合规服务提供商数据统计所得。

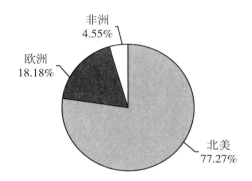

图 3－7 各个地区合规服务提供商占比

资料来源：笔者根据 stowise 网站上的合规服务提供商数据统计所得。

值得一提的是，亦有保险公司尝试在数字证券业务中提供相关服务。如保险巨头法国安盛（AXA XL）和 Assurely 联合推出保险产品 CrowdPro-tector，涵盖股权众筹和数字证券产品，这个被称为 CrowdProtector 的新产品专为发行方和投资者设计，据称可以保护新的网络资本。该产品旨在保证发行方已投保从而增加潜在投资者的信任、信心和安全。

从监管角度，全球的监管机构都还没有针对数字证券颁布特定的法案，只是将通证区分为实用型和证券型，并将证券型的通证监管纳入原有的证券法中。而这些监管规范多是以保护投资者为出发点，采取审慎的态度观望，或在沙盒内展开一定限度的探索。从目前的情况来看，各国针对证券行业实行监管的机构承担了数字证券的监管任务，监管范围暂未扩大到技术领域，数字证券的监管生态也将在未来进一步明晰。

（四）数字证券技术基础的选择

数字证券的发行、交易与监管要求对其技术实现提出了挑战，针对数字证券技术选择的讨论也主要围绕两个方面：使用联盟链还是使用公有链、如何使用。

一是使用联盟链还是公有链的问题，这也是数字证券基础设施开发的首要问题。从银行、监管部门来看，数字证券代表一种新型金融工具，是区块链技术应用于金融基础设施的一种尝试，在法律及金融风险中的界定都较为模糊，具有较大的不确定性。联盟链所具有的有限匿名性和可扩展性将在一定程度上降低数字证券发行和交易的不确定性，有助于数字证券生态的稳定发展。但从交易方和发行方的角度来看，相较于公链，联盟链的网络规模有限，并将数字证券的持有者限定在有限的范围内，这限制了数字证券的潜在交易者，不利于数字证券的推广和广泛交易。此外，目前，不同联盟链之间的互操作性有待提升，使用联盟链开发数字证券基础设施将使得数字证券的生态更加碎片化。因此，目前公有链在数字证券基础设施开发中占据了主要地位。根据加密金融实验室和 Magic Circle 的研究，截至 2020 年 4 月，94% 的 STO 项目都将以太坊作为技术底层，64% 的数字证券基础设施提供商都优先采用公有链进行数字证券相关基础设施开发，这一格局在未来一段时间内也将保持。

公有链的代表有以太坊、EOS（enterprise operation system）等，它们之间又存在不同架构。从区块链技术角度出发，为实现数字证券发行、交易乃至更加复杂和高级的应用，一个完整的数字证券基础设施，则至少必须囊括协议层、共识层、合约层、应用层、聚合层等基础的系统架构。当前的公链市场实现了这些基础架构，且应用规模占全球市场总份额 80% 以上的公链主要为以太坊、EOS 和波场。这三者的技术和商业模式相对成熟，在公链领域内出现突破性的技术和商业模式之前，这三者的市场位置很难被撼动。赛迪研究院 2019 年发布的赛迪全球公有链技术评估指数对全球 35 条公有链从技术维度方面进行综合考量。结果显示，全球三大公链平台以太坊、EOS、波场仍然位列榜单前三位，得分分别为 142.8、155.7 和 146.7，与其他得分大多在 110 以下的公有链相比，差距十分明显（见表 3 - 3 和图 3 - 8）。

表 3 – 3 **三大公链：2019 年赛迪全球公有链技术**
评估指数、市值及交易额

名称	公链	分项指数			总指数	市值 （十亿美元）	交易额 （十亿美元）
		基础技术	应用性	创新性			
以太坊	Ethereum	78.0	29.0	142.8	142.8	14.3	8.4
EOS	EOS	104.6	20.2	155.7	155.7	2.5	1.7
波场	TRON	99.7	24.5	146.7	146.7	0.9	1.2

资料来源：指数评分数据来自 CCID Blockchain Research Institute 2019，市值及交易额数据来自 CoinGecko 2019。

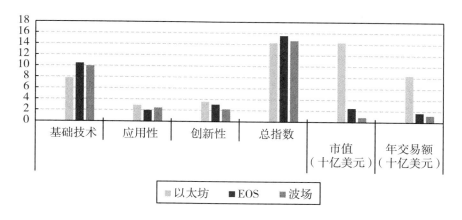

图 3 – 8 赛迪指数评分、市值及交易额比较

资料来源：指数评分数据来自 CCID Blockchain Research Institute 2019，市值及交易额数据来自 CoinGecko 2019。

作为智能合约的开创者，以太坊发展到现在，已经有数不清的智能合约在其主网上部署，且均运转良好，由此可以看出以太坊的网络已经相对成熟，很多新晋公链也都会以此作为技术参考。但从 2017 年开始，以太坊的性能瓶颈逐渐开始暴露，这几乎是当前以太坊最大的技术障碍。以太坊的开发及部署成本不高，对于开发者非常友好，但以太坊的每笔转账都需要矿工费，频繁的操作以及交易拥堵的时候，高额的矿工费实际上阻碍了以太坊生态的进一步壮大。

EOS 在技术层面进行了改进，具体来说，以太坊是一条公有链，在以太坊链上运作的每一项应用都会消耗这条链的总体资源；而 EOS 只是一个区块链的基础架构，开发人员可以自由地在 EOS 上创建公链，链与链之间不会影响彼此拥有的资源，换言之，不会出现因个别应用资源消耗过多而造成网络拥堵。EOS 所采用的 DPOS 共识机制虽然因其中心化严重而饱受诟病，但是很多项目，包括以太坊 2.0，均借鉴了 EOS 的共识机制，在性能层面直接把行业标准拉高了一个数量级，极限性能可以达到 4 位数事务处理系统（TPS），更多要求性能的应用。因此为了追求更高的性能，会慢慢往 EOS 迁移。但是，由于 EOS 高昂的技术成本，很多开发者望而却步，动辄几千美元的部署费用对行业早期的开发者而言，非常不利于启动。

相比之下，波场的技术实力比较一般，没有太多的技术创新，也没能引领技术潮流，虚拟机采用了以太坊的技术，共识机制借鉴了 EOS，两者组合形成了现在的波场。从技术成本角度来讲，对于开发者而言，波场的技术成本在三者中最低。相比以太坊，波场转账不用支付矿工费，开发者更容易拓展用户。相比 EOS，波场的开发者获取开发资源更加容易，开发成本低于 EOS；对于从零起步的开发者而言，想要节约成本快速试错，波场为其首选。

虽然三大公链目前的市场地位难以撼动，其他公链作为后来者并不甘于落后。在 2017 年和 2018 年收获了亿元级别投资的明星公链项目自 2019 年起逐渐上线落地，如 Cosmos、Nervos、波卡等。2020 年上半年，已上线主网的公链项目在共识机制、性能、生态建设方面均取得不小的进展。Cardano 项目在 2020 年上半年过渡到了 Shelley，并发布了 Shelley 测试网的第一个版本。来自硅谷的公链项目 CasperLabs 率先提出了以太坊 3.0 的架构，并在 2020 年上半年启动测试网络。除了传统公链以外，头部交易所在

2020 年上半年开始在公链项目上发力，如 Binance 等交易所加速各自的公链建设。作为交易所生态的一环，交易所进行公链的开发，将资产上链，有助于提高交易所的透明性和安全性。据 TokenInsight 数据显示，在其收录的 71 个底层公链项目中，主网上线已有 41 个项目。其中，主网上线但还未进行相关生态开发的项目占比居多。不过，市值排名前十的公链项目均已主网上线。

必须提到的是，2020 年 4 月，国家发展改革委正式将区块链纳入新基建的信息基础设施，极大地推动了国产公链的发展，与 5G、大数据、物联网、人工智能的融合，将带来更广泛应用场景上的可能性。区块链服务网络（blockchain-based service platform，BSN）被称为"国家区块链平台"，在 2020 年由国家信息中心、中国移动、中国银联、中国联通等共同发起。严格意义上说，BSN 并非一条单独的公链，而是把市面上认可度高的联盟链、公有链集合起来，形成了一张覆盖全球的跨云服务、跨门户、跨底层框架的区块链基础设施。

二是具体的技术实现，目前业界针对数字证券的技术方案主要有三种：在现有区块链的基础上开发数字证券侧链、将数字证券相关的协议写入区块链的第二层（Tier 2）协议中、开发专门用于数字证券的区块链。

开发数字证券侧链的方案是使用一个带有关联属性的数字证券侧链（联盟链）连接到公有链，如图 3 - 9 所示。在这种技术架构中，机构可以享有联盟链的可扩展性和隐私优势，同时依赖公有链来扩大对投资者的访问，并支持交易所和其他协议的互操作性。第二层协议方案则更进一步，针对不同资产类别（如债券、大宗商品或衍生品）所有权变动的复杂情况，将数字证券债务协议、投票协议、披露机制等复杂协议写入第二层协议中，这能够有效降低开发数字证券侧链这一跨链操作带来的时间损耗，提升数字证券业务处理效率。

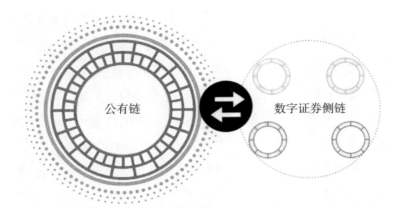

图 3 - 9　数字证券侧链方案

资料来源：由笔者自行整理绘制所得。

如果要更进一步提升数字证券的效率，可以选择开发专门用于数字证券的区块链。为满足数字证券的业务需求，数字证券区块链的技术架构应该如图 3 - 10 所示，第一层表示核心区块链的运行环境，包含去中心化数字证券网络的核心组件和协议，第二层承载与大多数数字证券场景相关的协议。但是，由于以太坊等主流公链已经成功培育了丰富的协议生态系统，并且这些协议都与数字证券领域高度相关，已经可以满足数字证券的基本

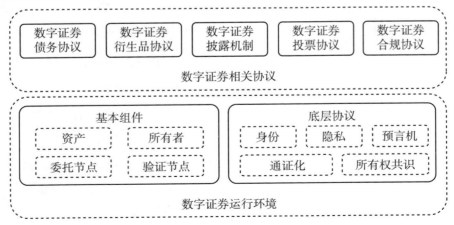

图 3 - 10　数字证券区块链技术架构

资料来源：由笔者自行整理绘制所得。

业务需求，因此，开发新的数字证券专用区块链将意味着放弃之前已经形成的公有链生态，这将产生很高的推广成本。目前，数字证券生态中的技术基础设施提供商较少采用此方案①。

（五）数字证券应用形态

美国证券交易委员会（United States Securities and Exchange Commission，SEC）将加密货币划分为应用类通证（utility token）和证券类通证（security token）两类，应用类通证大多是企业针对自己提供的服务或者产品、为项目募资而发行的，这类通证发行活动在某种程度上类似于产品或服务预售；证券类通证一般以真实资产作为内在价值支持，例如资产权益、有限责任公司股份、大宗商品等，可以用来支付股息、分享利润、支付利息或者投资其他通证或资产，数字证券就属于证券类通证的一种，其显著特征是将各类资产通证化并在区块链上流转（郭锋，2019）。

从应用上来看，传统证券的多样性带来了数字证券应用形态的多样性，并且目前还没有一个针对数字证券类型统一的分类。Algorand 公司认为，根据对应资产类型的不同，数字证券可以分为四种主要类型：（1）数字股权：代表股权的数字证券提供特定资产的所有权，这些资产包括私营公司的股权和上市公司的股份。（2）数字债券：债券类证券通证可以在预定的时间内为投资者提供固定收益，而发行方则能以更便捷的方式筹集资金。（3）房地产通证：虽然房地产本身不被视为证券，但与房地产相关的资产（如股权或债权）属于证券。区块链可用于对现实世界中的房产进行通证化，而后生成的每个数字通证都将代表所有权的一部分，因此可以被视为数字证券。区块链还可用于对租金等债权资产进行通证化。（4）大宗商品

---

① 加密金融实验室：《缺乏配套的基础设施，数字证券就只是一场"海市蜃楼"》，2019 年。

通证：数字证券可以代表与大宗商品相关的资产，如黄金和石油期货。Cabin VC 则将数字证券划分为房地产权益类数字证券、平台权益类数字证券（类似于数字股权）、数字化基金/股票三类。虽然分类方法有所区别，但以股权、房地产和债券为标的物的数字证券是目前数字证券市场主要的产品①。根据 Cabin VC、币安中国区块链研究院、直布罗陀证券交易所集团（GSX Group）等机构的研究，截至 2020 年 12 月，房地产权益类数字证券产品数量最多，占数字证券产品总数的44%，数字化基金/股票和平台权益类占比次之，各为 32% 和 24%。但从市值占比角度分析，房地产权益类数字证券虽然在产品数量上占优，但整体市值最低，仅占数字证券市场的7.11%，平台权益类数字证券市值占比则高达82%，表明平台权益类数字证券产品的影响力较大，单一产品的交易量较高②。

三、数字证券的参与者及其规模

（一）数字证券各环节参与者

1. 技术底层设施提供商

根据前面的分析，数字证券的底层设施供应商主要就是提供和研发联盟链和公链的互联网企业。从体量的角度来看，主要是传统的 IT 解决方案提供商，分别对应常见的公链和联盟链，包括：

（1）微软于 2015 年推出 Azure 区块链服务，成为首批提供 BaaS 的软

---

① Algorand 咨询：《数字证券：企业与金融机构必读指南》。

② Cabin VC、币安中国区块链研究院、直布罗陀证券交易所集团（GSX Group）、香港数字资产交易所（HKBitEX）等：《2020 数字证券产业发展概况、趋势与监管导向》。

件供应商之一。接着，它又推出了 Enterprise Smart Contracts，为用户提供架构、逻辑、交易对手、外部源、分类账和合同绑定以构建其基础架构，拥有区块链服务。

2015 年 11 月，微软与 ConsenSys 宣布建立合作伙伴关系，在 Microsoft Azure 上创建以太坊区块链即服务（EBaaS），该服务旨在帮助客户在 Azure 的全球平台上构建基于私有、公共和联盟的区块链环境。

（2）R3 是一家名为 Corda 的分布式财务账本背后的财团，其运作方式就像区块链。该财团成立于 2015 年，最初与巴克莱、瑞士信贷、高盛、摩根大通和苏格兰皇家银行等金融机构合作，现已发展了包括美国银行和富国银行在内的 70 多个合作伙伴。

Corda 是金融机构处理金融交易的专业分类账。分类账是可互操作的，因此通过软件应用程序可以进行通信、交换数据并使用交换的数据。

（3）SAP 的区块链即服务被称为"Leonardo"，它基于 Hyperledger 并且驻留在 SAP Cloud 服务中，因此可以从任何设备进行访问，并且不需要内部硬件或软件。SAP Leonardo 充当区块链云服务和机器学习服务，并在单个生态系统中支持物联网（IoT）。

（4）腾讯在 2018 年推出了以 FISCO BCOS 为底层的 TBaaS 服务，其中 FISCO BCOS 是由金链盟成立开源工作组，由腾讯、华为、微众银行等九家成员机构牵头，为金融行业深度定制的完全开源的区块链底层技术平台。

从发展的角度来看，如表 3－4 所示，我们看到企业在区块链技术方面发力明显，是未来数字证券底层技术设施供应商的主要力量。

表 3－4 　　　　　2020 年上半年主要公司区块链专利申请情况

序号	公司	注册地	2020 年上半年全球区块链发明专利申请数（个）
1	阿里巴巴	中国	1457
2	腾讯	中国	872

续表

序号	公司	注册地	2020 年上半年全球区块链发明专利申请数（个）
3	浪潮	中国	274
4	国际商业机器公司（IBM）	美国	251
5	nChina	安提瓜和巴布达	250
6	中国平安	中国	184
7	百度	中国	144
8	微众银行	中国	134
9	京东数科	中国	121
10	西门子（Siemens）	德国	99
11	复杂美	中国	91
12	国家电网	中国	76
13	网新科技	中国	74
14	趣链科技	中国	67
15	Digital Gold	韩国	55
16	医链集团	中国	55
17	中国联通	中国	54
18	维萨（VISA）	美国	54
19	瑞策科技	中国	48
20	万事达（Master Card）	美国	46
21	美国银行（Bank of America）	美国	41
22	华为	中国	41

资料来源：《2020 上半年全球企业区块链发明专利排行榜》前瞻产业研究院整理所得。

2. 数字证券发行平台

全球较为知名的数字证券一级发行平台有 Harbor、Polymath、Securitize、Swarm 等。以这 4 家平台为例，对其采用的技术标准进行比较，如表 3 - 5 所示。

表 3 - 5　　　　　　　四大发行平台技术标准比较

发行平台	技术标准	说明
Harbor	R - Token	基于以太坊区块链，融合 R - Token 标准技术，为发行方提供在符合证券、税务以及其他监管条例的要求下发行基于 ERC20 的数字证券发行服务。其标准化流程包括 KYC/AML、合规服务、纳税原则、信息披露和通过该系统生成的每一种通证的评估状态等
Polymath	ST - 20	通过以太坊帮助发行方实现数字证券发行，提供底层协议 ST - 20 标准，允许个人和机构投资者完成合格投资者认证，允许合法投资人在符合政府规定的前提下参与。该协议将财务安全要求嵌入数字证券的设计中，简化了在区块链上启动金融产品的过程。聚合了 KYC 服务商、法律顾问、技术开发者以及投资者
Securitize	DS Protocol	通过 DS Protocol 发行数字证券，考虑了如分红、投票、二级市场交易等情形，提供多项服务，包括确立发行方及其法律团队的法律和监管准备，根据 KYC/AML 认证或其他法律要求简化投资者注册，定制智能合约以匹配发行方的独特要求和数字证券安全
Swarm	SRC20	利用 SRC20 协议对现实世界资产进行通证化。使用 SRC20 协议发行数字证券，获得资产的所有权、管理权、收益权。SRC20 在 ERC20 的基础上拓展了更多的性能来描述现实世界资产的特性，比如地址、目的、法律状态、义务和交易限制等

在合规方面，Harbor、Polymath、Securitize、Swarm 等平台主要针对的是美国地区的项目方和投资对象。在 KYC/AML 方面，合格投资者审查环节占发行豁免绝大多数的成本。在持续完成对合格投资者的身份认证上，Securitize 采用潜在投资者的护照或者其他身份证明来满足 KYC 需求。Polymath 和 Swarm 则要求将必要的法律监管嵌入数字证券的智能合约中，在 ERC20 的基础上加上监管层协议，通过其平台发行映射股权的数字证券可

以对买卖双方是否有资格交易进行检验。

3. 数字证券交易所

数字证券的流通离不开数字证券交易所的发展，目前专门发行数字证券的交易所较少，许多都是依托传统的数字资产交易所进行交易的。根据监管要求，数字资产交易所想要开展数字证券相关业务时，需要先取得券商资质，并受监管部门严格监督。主要数字证券交易所及其说明如表 3 – 6 所示。

表 3 – 6   主要数字证券交易所

交易平台	说明
Coinbase	美国著名的代币交易平台 Coinbase 已经取得了券商（broker-dealer）资质、另类交易系统（alternative trading system，ATS）资质以及美国证监会注册投资顾问资质，因而可以在 Coinbase 平台上发行并交易证券代币；此外，Coinbase 还取得了美国金融业监管局（the financial industry regulatory authority，FINRA）对证券代币业务发展计划的批准书
Templum	Templum 是一家为证券型代币发行和二级市场交易提供合规解决方案的机构。在 Templum 平台，既可以进行证券型代币发行，也可以由发币方及投资者进行二级市场投资。与其他解决方案一样，Templum 内置了 AML/KYC 认证服务，以保障该平台符合监管规定
OpenFinance Network	OpenFinance Network（OFN）是一家专门服务替代性资产二级市场的开源平台。OFN 团队自 2014 年以来推出了交易、清算和结算服务。近期该团队将重点转向区块链解决方案，已研发出一套能在区块链网络发行的代币化证券和进行交易的合规标准。OFN 曾实现了最早的经批准通过的合规证券型代币交易
iSTOX	iSTOX 成立于 2017 年，是一家接受新加坡金融管理局（MAS）监管的金融科技公司，其主要业务为提供数字资产的发行、托管和二次交易服务。2020 年 11 月，iSTOX 在重庆签署谅解备忘录（MOU），双方同意在重庆建立数字证券交易所以服务中国市场，同时加速 iSTOX 在中国开展业务的步伐

4. 流动性平台

流动性平台目前专注于数字资产，也即包括数字证券的做市商，根据挪威加密货币投资公司 Arcane Crypto 旗下研究机构 Arcane Research 的《比特币生态交易系统及新兴机构基础设施》，目前比较重要的流动性平台有：Jump，HedgeTech，Alameda Research，Galaxy Digital，B2C2 和 Woorton 等。

5. 经纪商

经纪商就是中介，代客户完成执行交易、托管、清算结算等一系列复杂的投资流程。The Block 曾指出，这种业务源自传统金融的主经纪商（PB）服务，专门针对机构客户，创新度和难度都很大，经纪商业务在加密货币界仍是新品，面临的最大挑战就是清算结算和深度资本市场支持，其在这些方面远落后于传统金融市场。

6. 银行

加密友好型银行通常是被忽视的一类角色，但他们提供了大机构法币出入金通道。最有名的就是 Silvergate。这家银行创立于 1988 年，从 2013 年开始进入加密货币领域，迅速转变为以加密企业为主要服务对象的特殊银行。如今，它已有 900 多家机构客户，至 2020 年底，其企业存款额已超过 37 亿美元，其中半数以上来自 77 家不同的加密货币交易所。

Silvergate 引以为豪的是自建支付网络（silvergate exchange network，SEN）。通过 SEN，机构用户可以全年不间断完成法币的转账和交易。在 2021 年第一季度，SEN 处理的法币交易额高达 1665 亿美元，同比增长 857%。

另一家有名的银行是 Signature Bank，同样是主营加密货币企业业务的传统银行，这是第一家有美国联邦储蓄保险（FDIC）支持的银行，而且获得了纽约州的金融牌照，安全合规。从 2020 年开始，Signet 又先后同 Fire-blocks 和稳定币 TUSD 达成协议整合。

从事银行业务的不仅有这些传统"银行"，还有些加密货币原生机构。Kraken 是老牌的加密货币交易所，2020 年成功申请到了怀俄明州银行牌照——特殊目的存款机构许可（SPDI）。这就意味着，Kraken 交易所资金流入流出更为便捷，不仅可以经营交易所业务，还可以提供存取款等银行业务，全程合规。

7. 投资机构

数字证券的投资人正在从散户向机构演进，一项由富达投资集团（Fidelity Investments）和格林威治协会（Greenwich Associates）在 2019 年 11 月~2020 年 3 月初进行的调查表明，美国和欧洲的 774 名投资者中，有 80% 为机构投资者。

调查结果显示，在受访者中，美国有 36% 的人表示他们持有加密货币或其衍生品，其中有 27% 为机构投资者（包括养老基金，家族办公室，投资顾问以及数字和传统对冲基金）；而欧洲更多，投资数字货币的受访者达到 45%，机构投资者持有数字货币的比例达到 31%。

8. 合规服务提供商

尽管有很多国家都具备数字证券合规的监管环境，但由于美国的监管环境相对完善，故美国仍是大多数项目的首选。众多项目赴美寻求合规之路，诞生了一批典型案例。其中较为典型的案例包括从 ICO 转换到 STO、对 KYC 编程的项目 tZERO，后者面向美国合格投资者与非美国公民投资者募资了 1.34 亿美元；原计划成为美国第一个靠单一资产房地产投资信托基金（REITs）进行 IPO 但转而做 STO 的 Aspen 项目（见表 3 – 7），该项目在 2 个月的募集期内共募集 1800 万美元。目前合规的数字证券项目出于募集资金的要求以及信息披露的成本等，大部分的方案中都包括豁免条例 Regulation D 506（c），各个项目根据自己的情况再组合 Regulation S 或者 CF 等。

表 3 - 7 　　　　　　　　　tZero 和 Aspen 合规比较

发行方	说明	合规方式
tZero	tZero 是一家专注于数字证券的交易平台。tZero 在 2017 年底曾以 ICO 形式融资，后来将拥抱监管作为首个 STO 项目，最终融资金额为 1.34 亿美元。tZero 发行的通证为优先股性质而不是股权性质，持有人将按照季度获得该平台 10% 毛利润但是不具有投票权	tZero 对其所有投资者进行了 KYC/AML 核实，采用豁免注册条例 Regulation D 506（c）和 Regulation S 申请备案，无须美国证监会 SEC 批准。此次融资面向共计 1079 名美国合格投资者与非美国公民投资者募资 1.34 亿美元，满足 Regulation D 规定的融资额超过 750 万美元，因此需要发行方依照法案的注册报表形式发布财务信息。不过在条件有限的情况下，也可选择在融资 120 天内发布资产负债表接受审计。此外，Regulation D 条例意味着 12 个月的限售期限制
Aspen	Aspen Coin 为首个地产类数字证券项目，对应的资产为瑞吉度假酒店的房地产投资信托基金。此前该信托公司曾计划 IPO 公开募资，后来转而采用 Regulation D 506（c）合规发行数字证券面向美国投资者进行私募。投资者需要通过 Templum Markets 交易平台注册进行 KYC/AML 核实并验证为"合格投资者"身份才可以投资。相关资料显示，其在 2 个月的募集期内共募集 1800 万美元。此外，Aspen 与 tZero 发行的通证同样只代表分红权，没有投票权	Aspen 主要依靠合作伙伴 Templum Markets 交易平台对其所有投资者进行 KYC/AML 核实，与其他项目不同，Aspen 只通过 Regulation D 506（c）向美国合格投资者进行私募，并不面向海外投资者。此次融资额为 1800 万美元，限售期为 12 个月。因发行人对 SEC 没有汇报义务，所以会有 12 个月的锁定期

续表

发行方	说明	合规方式
Regulation D 506（c）：速度快、无披露要求、成本低；仅面向经过认证的合格投资者（包括美国和非美国公民的合格投资者），无筹资上限，仅需填写 Form D。"合格的投资者"：前两年的年薪至少为 20 万美元或者净资产超过 100 万美元，不包括住所，只能向不超过 2000 名合格投资者发售		
Regulation S：在此条例下可以发行股票及债券；针对美国以外的投资者（离岸投资者），允许非美国投资者投资美国企业；对于投资者的财富无任何限制条件		

资料来源：周志强，《奇点财经详解美国八大 STO 项目——通证合规领域的先行者》，奇点财经网，2018 年 12 月 5 日。

（二）数字证券产业图景

通过市场占比数据来研判，数字证券产业二级市场发展不均衡现象突出。tZero 在全球数字证券交易市场份额占比为 76.72%，MERJ Exchange 以 10.37% 的市场占比居于第二，两者相差近 65%。

部分房地产权益类数字证券选择于 Uniswap 进行二级市场交易。2020 年在 Uniswap 上市的房地产权益类数字证券数量多达 11 项。DEX 正陆续成为部分数字证券资产的上市选择。

资产数字化技术底层设施在 2020 年度总体进展较缓慢。资产数字化技术标准尚未统一化，现阶段数字证券发行（STO）就不同资产采用不同协议标准，对后期可能出现的资产跨链需求无法全面兼顾。2019 年成立的 Proof of Concepts（PoC）项目——Lava 采用了 Confidential Asset（CA）作为链上资产发行和交易解决方案。CA 拥有更强的隐私性，因此为数字资产上链后提供了较佳的隐私性和非特异性。

2020 年数字证券产业新参与机构大多以房地产权益类资产为方向进行业务拓展。新加坡获牌机构 Sharespost 为房地产类权益资产提供线上交易平台，德国 Max Crowfund 为房地产类权益资产提供众筹募资平台，拉丁美洲最大的私人投资银行 Banco BTG Pactual 在 Tezos 区块链上发行房地产类权益资产 ReitBZ。

数字证券应用落地的阻碍之一是链上链下信任断层，数字证券类资产在尝试同 DeFi 体系融合后，该问题仍未得到根本解决。链下信任依托于法律和监管实现，而链上信任由合约和代码支持，持牌平台服务商承担中间托管环节，资产载体自"纸质合约"向"智能合约"转换通常由中心化机构实现资产过户流转，现有技术方案仅就传统证券业务数字化技术不完善的问题提供解决方案①。

四、数字证券生态展望

目前全球数字证券市场的体量很小，其发行规模不及股票的百分之一。但是数字证券营业收入增长迅速，近 5 年保持了 50% 以上的平均增长速度。我们认为，数字证券的快速发展，将进一步把传统金融以数字形式结合起来，扩展已有的数字证券生态。

（1）传统证券交易所、券商、基金等机构会加速进场。传统的证券交易和数字证券的交易仅仅是载体形式上的不同，区块链作为技术基础，能提供更多的方便。2015 年，纳斯达克宣布推出基于区块链的股权交易平台 Nasdaq Linq。该平台通过区块链技术，支持企业向投资者私募发行"数字化"的股权。次年，纳斯达克推出金融框架系统（NFF），为其在全球范围内的金融基础设施客户提供端到端的解决方案，以及基于区块链的各项服务。从这个角度看，最后全球的金融交易都可以转移到链上，都将变成数字证券的一部分。

---

① 资料来源：Cabin VC 官方网站。

（2）政府、监管机构会成立对应的数字证券部门。针对数字证券，国际实践已经形成了明显的监管导向，尽管政策上有宽松与严厉之分，但未来会将数字证券的发行与交易逐步纳入监管合规体系内。

参考文献：

［1］Algorand，《数字证券：企业与金融机构必读指南》。

［2］Cabin V. C.，《币安中国区块链研究院，直布罗陀证券交易所集团（GSX Group），香港数字资产交易所（HKBitEX）等，2020 数字证券产业发展概况、趋势与监管导向》。

［3］邓丽：《论无纸化证券的持有与所有》，载《法律科学（西北政法大学学报）》2008 年第 4 期，第 95～101 页。

［4］郭锋：《数字科技对证券市场及其监管的影响——基于大数据、人工智能、区块链的视角》，载《证券法律评论》2019 年第 0 期，第 1～25 页。

［5］邢会强：《我国〈证券法〉上证券概念的扩大及其边界》，载《中国法学》2019 年第 1 期。

分报告四

数字证券全球发展：
地缘差异与国家战略[*]

摘 要： 目前全球数字证券市场的体量很小，其发行规模还不及股票的百分之一。但是数字证券营业收入增长迅速，近 5 年（2016～2020年）保持 50% 以上的平均增长速度。2020 年受新冠肺炎疫情影响，增速有所下滑，但预计随后 5 年的增速会提高到 70%。数字证券发行的行业聚集非常明显，主要以金融行业为主，募资金额占总募资额的 75%，其次为区块链以及房地产行业。数字证券的发行需要资产抵押，股权资产由于其高流动性和高成长性，成为发行人及投资者的首要选择。美国的数字证券规模占全球一半有余，中国的市场份额呈现下降的趋势。不同国家数字证券的发展存在明显差异。金融市场的广度和深度、资源禀赋、社会制度以及政府监管是形成这种差异的潜在原因。

关键词： 数字证券 区块链 国际比较 金融创新

---

* 本分报告由张宁、张亚飞、周佳嵋执笔完成。张宁：理学博士，中央财经大学金融学院教授，中央财经大学中国金融科技研究中心主任，家族办公室合作与发展组织理事会主席兼首席经济学家；张亚飞：金融学博士，英国曼彻斯特大学金融系助理教授；周佳嵋：管理学硕士，中金支付有限公司战略发展部战略研究负责人。

一、全球数字证券快速发展的特点

数字证券（security tokens）是近十年最伟大的金融创新之一。以区块链强大的底层技术为支撑，数字证券成为华尔街以及世界各大金融中心炙手可热的金融产品。2018～2020年第一季度，数字证券全球募资总额达到81亿美元。尽管与近万亿的全球股票发行规模无法比拟[①]，但数字证券的发展速度却很快。由图4-1可以看出，过去5年，全球数字证券的营业收入保持每两年翻一番的平均增长速度。未来5年，随着经济复苏，数字证券的全球发展速度会进一步加快。

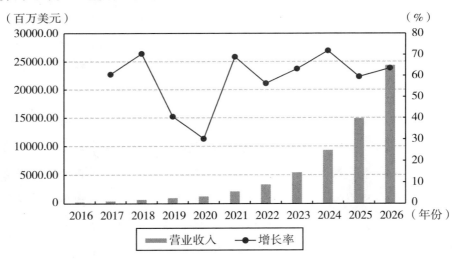

图4-1 营业收入与增长率

注：横坐标代表时间轴，左侧纵坐标表示营业收入（条形图），右侧纵坐标表示增长率（折线图）。非美元的募资额以统计时的美元汇率进行换算，且未考虑美元的通货膨胀。

资料来源：Absolute Reports.

---

① 2018～2020年第一季度，全球股票发行共募集12929亿美元，债券发行共募集477320亿美元。资料来源于 Securities Industry and Financial Markets Association（SIFMA）官方网站。

全球数字证券快速发展的根源在于其相对于传统证券的比较优势。第一，传统证券发行与交易的核心是金融中介，银行是间接融资的核心，投资银行是直接融资和二级市场交易的核心。金融中介的一个主要功能是解决投资者和发行者之间以及投资者之间因信息不对称导致的市场崩溃（Akerlof，1978；Diamond，1984）；而数字证券以区块链的记账技术为核心，解决了信息的存储、流动和验证等一系列在传统证券市场无法有效解决的问题，极大地降低了发行和交易成本。第二，传统证券市场对于发行人和投资者都有较高的要求。融资难、融资贵已成为大量中小企业遇到了的世界性难题。许多拥有闲散资金的投资者一方面因为达不到投资资格无法参与到传统的金融市场，另一方面也无法找到合适的投资产品。数字证券的出现，让很多无法通过传统金融市场融资的资产（比如一些特定的大宗商品、无法抵押变现的资产和艺术珍藏品等）能够通过发行数字证券上市融资。更为重要的是，这也将更多有相应风险承受能力的投资者吸引到金融市场中来，拓展了金融的深度和广度。第三，当前的互联网社会出现了大量的数字产品，比如网络上的图片、音频、文字和视频等，这些产品具有不可替代性，而且一旦在网上流传，无法确定最初的创作者以及所有者。传统的证券市场很难为这些数字资产提供融资服务，而数字证券依托区块链的信息处理和身份认证技术，成为这些新型数字资产上市融资的天然渠道。

除了发展速度引人瞩目外，数字证券发展的另一个显著特点是国家之间的差异化。不同国家由于资源、制度以及监管等各种各样的差异，数字证券的发展也呈现出各自的特点。例如，美国金融市场特别是债权市场的完善，使得债权资产更广泛地用作数字证券发行的抵押物；海湾地区拥有丰富的石油资源，所以大量的能源企业通过发行数字证券募集资金，而且投资者也广泛接受以石油作为抵押资产的数字证券发行；北欧地区由于其高福利的社会特性，数字证券的发行高度集中于健康医疗行业。

接下来，本报告将利用权威的调研数据，对比各大洲以及各个国家之间数字证券的发展情况，总结不同国家数字证券发展的经验，为国内数字证券产业的发展提供参考。

二、全球数字证券市场发展态势

（一）数字证券历史趋势与未来展望

同样从图 4 - 1 全球数字证券企业的营业收入①可以看出，2018 年以前，全球数字证券业务发展水平较低，但增长较快。随后的 3 年，营业收入增长率逐年下滑，从 2018 年的 70% 跌到 2020 年的 30% 。其中，2016 ~ 2020 年是真实的调研数据，2021 年下半年以及 2022 ~ 2026 年是预测值。

2019 年和 2020 年增长放缓可能存在两点原因：第一，新冠肺炎疫情肆虐全球，世界经济受到极大的冲击。一方面，实体经济受挫，资金收紧，数字证券公司无法获取足够的融资或者融资成本太高，轻则业务受损，重则破产倒闭。另一方面，新冠肺炎疫情导致很多国家和地区实行全面封锁，全球数字证券业务无法正常展开。第二，数字证券是一种全新的金融产品，很多不法分子利用监管的漏洞进行商业欺诈、洗钱等非法的金融活动，这使得很多国家为了维持金融市场的稳定关停了数字证券有关的业务。例如中国（不包括港澳台地区）从 2018 年开始明令禁止发行数字证券，也全面关停了以比特币为代表的虚拟货币交易。然而，2021 年数字证券市场全面

---

① 资料来源于 Absolute Reports 的非公开报告。Absolute Reports 是一家全球领先的提供数字证券专业数据分析和商业资讯的公司。他们通过访谈调研和搜集整理数字证券企业的发行和交易数据，通过专业的行业分析，为公司战略决策以及研究机构提供科学可靠的数据支持。关于该公司的更多信息，请参阅 Absolute Reports 官方网站。

反弹，增长率重回 70% 的高位。预计接下来的 5 年，全球数字证券市场将迎来指数增长，增长率将维持在 60% 左右。

全球数字证券市场的发展除了在交易上的突出优势，同样来自不同行业融资需求的多样性。与普通证券交易市场一样，来自不同行业的发行人通过不同的资产类型实现上市融资。

全球数字证券发行人的行业分布情况如表 4 – 1 所示。[①] 样本覆盖 2018 ~ 2020 年全世界主要的数字证券发行企业。可以看出，数字证券发行行业聚集非常明显，金融行业募资额约占全球发行总额的 75%，发行数约占 30%。一方面，这说明数字证券是金融行业的一次伟大创新。另一方面，金融行业往往持有非常优质的抵押资产，比如证券基金公司持有的上市公司股票，保险公司持有的高评级债券，银行账面上的企业贷款以及房地产抵押。这些优质的抵押资产为数字证券的发行提供保障。此外，由于区块链技术解决了投资者和发行人之间的信任和信息不对称问题，企业发行数字证券不再需要金融中介提供的相关服务，这也迫使传统的金融企业率先作出改变。

表 4 – 1   **数字证券发行人行业分布**

行业	募资额（百万美元）	发行数
金融	6832.01	49
区块链	445.02	15
房地产	288.14	12
健康	161.19	7

① 资料来源于 Blockstate 企业调研。该调研覆盖 2018 ~ 2020 年第一季度全世界发行数字证券的代表性公司。该调研由 Frankfurt School of Finance and Management 和 Blockstate 联合发起，是目前数字证券研究领域极少数可以获取的比较权威的发行数据。关于该调研数据的更多信息，请参阅 Blockstate 官方网站。

续表

行业	募资额（百万美元）	发行数
科技	149.41	7
软件	60.56	6
服务	50.92	10
博彩	31.99	5
电子商务	20.10	2
基础设施	16.40	5
运动	10.68	3
能源	7.98	1
艺术	6.00	1
总计	8080.39	123

注：表格中的数据涵盖 2018～2020 年 Blockstate 调研的世界主要数字证券公司的发行数据。行业分类直接取自调研数据，其定义或与其他研究机构有差异。非美元的募资额以发行时的美元汇率进行换算，且未考虑美元的通货膨胀。此数据仅统计首次数字证券发行（initial security token offerings，ISTO），所以发行数等价于发行数字证券的企业个数。

资料来源：Blockstate.

另外，区块链和房地产也是数字证券比较青睐的行业。区块链企业数字证券的募资额占全球发行总额的 6%，发行数占 12%。发行数字证券的房地产企业共 12 家，募资近 2.9 亿美元，占总募资额的 4%。值得注意的是，艺术品行业通过发行数字证券募集近 600 万美元。艺术品最大的特点在于不可替代性，不同的人购买的同款苹果手机可以相互替代，但不同人画的同一个事物却无法相互替代。对于这些非标准化的资产，区块链的记账技术可以保证代表不同资产信息链的唯一性、真实性和可追踪性，从而使得数字证券成为这类资产上市融资的天然渠道。特别是最近炙手可热的 NFT（non-fungible tokens），成为各式各样数字资产（如图片、声音、视频等）上市的首选融资方式。截至 2021 年 3 月，NFT 的交易额已超过 5.5 亿美元（Dowling，2021）。

不同类型的资产都可以通过数字证券实现上市融资。表 4 - 2 列示了数字证券化的资产中股权、债权以及其他资产的占比情况。可以看出，在数字证券化的资产中，股权资产占据近 90% 的比例，石油、房地产等其他资产占比 7% 左右，余下的为债权类资产。① 股权类资产得益于其高成长性和高流动性，成为数字证券投资者的首选。房地产等其他非标准化的资产，也越来越受到投资者的关注。债权资产的数字证券化较为缓慢，却也蕴藏着巨大的潜力。

表 4 - 2 数字证券资产类型

资产类型	募资金额（百万美元）	金额占比（%）	发行数	发行数占比（%）
股权	7257.41	89.82	91	73.98
其他资产（如石油、房地产）	558.86	6.92	18	14.63
债权	253.59	3.14	13	11.38
不确定	10.53	0.12	1	0.81
总计	8080.39	100.00	123	100.00

注：表格中的数据涵盖 2018～2020 年 Blockstate 调研的世界主要数字证券公司的发行数据。资产类型是指数字证券发行时的抵押物的资产类型。其他资产包括非股权非债权的所有资产类型，常见的是石油和房地产，还包括艺术品、不太常见的大宗商品以及数字资产等。有一个发行案例的资产类型信息缺失，将其单列为不确定。非美元的募资额以发行时的美元汇率进行换算，且未考虑美元的通货膨胀。此数据仅统计首次数字证券发行（initial security token offerings，ISTO），所以发行数等价于发行数字证券的企业个数。

资料来源：Blockstate.

---

① 此处百分比由募资金额的数据计算得出。

值得一提的是，数字证券正在成为财富管理的新工具，并逐渐在财富管理工具中占有一席之地。图 4－2 描述了财富管理中数字证券的投资规模，需要注意的是，这只是数字证券投资的冰山一角。通常来说，家族办公室所服务的资金通常寻求稳健增值，而数字证券能够成为其投资方向，尽管规模还较小，也预示着数字证券的未来潜力。有理由相信，当数字证券作为金融投资品所体现的风险和收益形成稳定机制时，其在财富管理中的应用空间将有实质性的跃升。

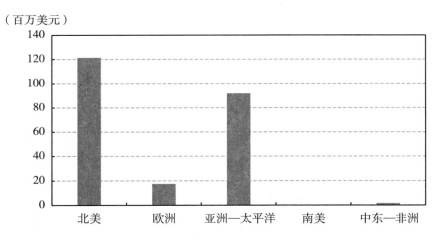

（百万美元）

图 4－2　财富管理中数字证券投资规模

注：该数据描述了 1173 家家族办公室关联的数字证券投资情况，统计截止时间为 2021 年 6 月 30 日。

资料来源：家族办公室合作与发展组织。

（二）各大洲数字证券发展情况对比

本部分我们将比较分析不同大洲 2016～2026 年营业收入的变动情况。我们分别截取了 2016 年、2021 年以及 2026 年各大洲营业收入的数据，如图 4－3 所示，对比各大洲占有的数字证券市场份额。

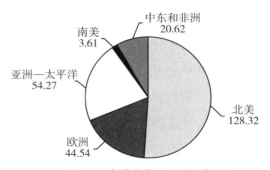

（a）2016年营业收入（百万美元）

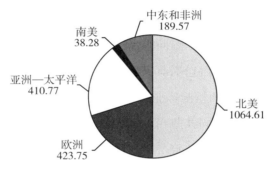

（b）2021年营业收入（百万美元）

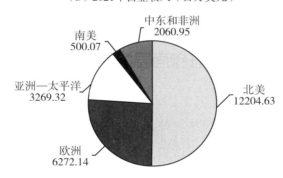

（c）2026年营业收入（百万美元）

图 4 - 3　营业收入与市场份额比较

注：饼图边缘的数字代表营业收入（百万美元）。不同的深浅区域代表各大洲以营业收入计算的市场份额，其中2021年下半年以及2026年的数据是 Absolute Reports 根据调研信息作出的预测。非美元的募资额以统计时的美元汇率进行换算，且未考虑美元的通货膨胀。

资料来源：Absolute Reports.

从图 4-3 可以看出，北美始终占据近 50% 的全球市场份额。以 2016 年为例，全球数字证券企业营业收入合计 2.5 亿美元，北美地区为 1.3 亿美元，占比 52%。对比各年的变动情况，亚洲—太平洋（亚太）地区的市场份额从 2016 年的 22% 下降至 2026 年的 13%，而欧洲地区从 2016 年的 18% 提高至 2026 年的 26%，其他各大洲的变动并不明显。亚太地区和欧洲地区数字证券发展的差异可能与不同地区政府对于数字证券发展的包容性有关。欧洲地区对于虚拟货币以及数字证券的发展更为支持，比如立陶宛甚至将数字证券的发展提升到国家未来战略的高度，运用大量资源推动这一新型金融科技的研发。而亚太地区，以中国为代表，考虑到数字证券市场的高风险，已经禁止数字证券的发行和交易。

1. 北美洲

图 4-4 描绘了数字证券在北美洲的发展情况。2020 年以前发展比较缓慢，而且营业收入增长率逐年下滑。2020 年受到新冠肺炎疫情的冲击，增长率达到样本内最低值。2020 年以后开始逐年好转，增长率维持在 60% 左右，预计 2024 年将达到 5 年内最高值。而且预计在 2026 年，北美地区数字证券企业的营业收入将超过 120 亿美元。

2. 欧洲

欧洲数字证券的市场规模比北美洲要小。由图 4-5 可以看出，2017 年欧洲数字证券企业总营业收入近 7600 万美元，而北美洲接近 2.1 亿美元。2017~2019 年，欧洲数字证券市场尽管体量较小，但发展平稳。同样，受新冠肺炎疫情的影响，欧洲地区 2020 年营业收入增长率陡然下降至 40% 左右，2021 年市场开始好转，预计随后的 5 年平均增长率将维持在 70%。

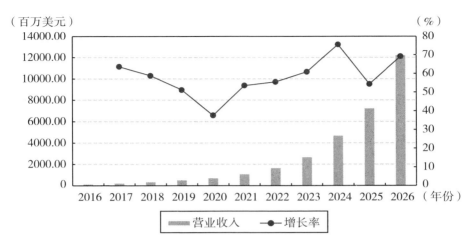

图 4 - 4 北美洲营业收入与增长率

注：图中横坐标代表时间轴，其中 2021 年下半年以及 2022～2026 年的数据是 Absolute Reports 根据调研信息作出的预测。左侧纵坐标表示营业收入（条形图），右侧纵坐标表示增长率（折线图）。非美元的募资额以统计时的美元汇率进行换算，且未考虑美元的通货膨胀。

资料来源：Absolute Reports.

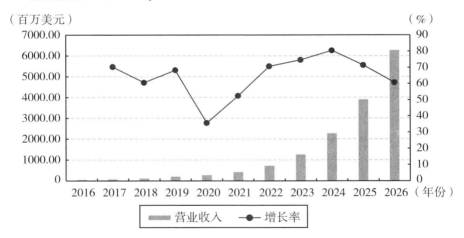

图 4 - 5 欧洲营业收入与增长率

注：图中横坐标代表时间轴，其中 2021 年下半年以及 2022～2026 年的数据是 Absolute Reports 根据调研信息作出的预测。左侧纵坐标表示营业收入（条形图），右侧纵坐标表示增长率（折线图）。非美元的募资额以统计时的美元汇率进行换算，且未考虑美元的通货膨胀。

资料来源：Absolute Reports.

3. 亚洲—太平洋地区

图 4-6 描绘了数字证券在亚太地区的发展情况。整体上而言，亚太地区数字证券发展极不稳定，波动很大。比如 2018 年营业收入增长率接近 120%，2019 年和 2020 年却出现了负增长。2021 年增长率达到样本内峰值，接近 180%。这样过山车式的发展轨迹表明亚太地区数字证券市场风险较高。潜在的原因有：（1）作为全球最重要的经济体之一，亚太地区吸引了大量的国际资本。大量资金的流入流出本身容易带来金融市场的波动。（2）市场上存在众多非机构投资者，他们对于数字证券这一新的金融产品无法掌握足够的信息，容易产生非理性的投资行为，从而也会造成市场的波动。（3）中国是亚太地区最大的经济体。由于数字证券本身蕴含的金融风险，以及存在大量以数字证券为幌子的诈骗和洗钱等违法犯罪活动，中

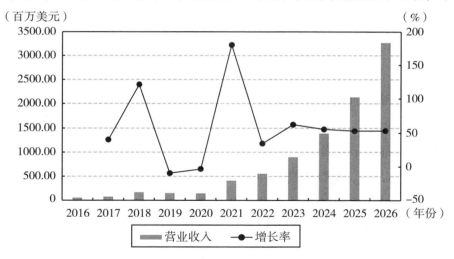

图 4-6 亚洲—太平洋地区营业收入与增长率

注：图中横坐标代表时间轴。其中 2021 年下半年以及 2022～2026 年的数据是 Absolute Reports 根据调研信息作出的预测。左侧纵坐标表示营业收入（条形图），右侧纵坐标表示增长率（折线图）。非美元的募资额以统计时的美元汇率进行换算，且未考虑美元的通货膨胀。

资料来源：Absolute Reports.

国政府出台了非常严格的管制措施来保护投资者，防范金融风险，在 2018 年全面禁止了数字证券的发行和交易，而且关停了以比特币为代表的虚拟货币交易平台。这些监管措施的出台提高了数字证券企业的合规风险，导致亚太地区剧烈的市场波动。

4. 中东和非洲

中东和非洲尽管经济发展水平相对较低，但数字证券的发展却不容小觑。如图 4 - 7 所示，中东和非洲地区 2017 年数字证券的总体市场规模在 3600 万美元左右，是南美洲的 6 倍。其发展速度也很快。2017 年增长速度最快，为 75% 左右。2020 年增速最慢，但也保持在 30% 以上。预计 2026 年中东和非洲数字证券规模将达到 21 亿美元。

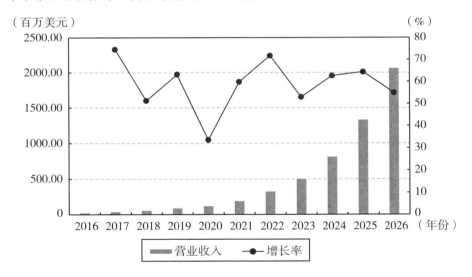

图 4 - 7 中东和非洲营业收入与增长率

注：图中横坐标代表时间轴，其中 2021 年下半年以及 2022 ~ 2026 年的数据是 Absolute Reports 根据调研信息作出的预测。左侧纵坐标表示营业收入（条形图），右侧纵坐标表示增长率（折线图）。非美元的募资额以统计时的美元汇率进行换算，且未考虑美元的通货膨胀。

资料来源：Absolute Reports.

5. 南美洲

相对来说，南美洲数字证券的规模最小。根据图4-8可知，南美洲2017年数字证券的营业收入合计600万美元左右，但增长较为迅速。除了2020年，其他年份的平均增长率接近70%。预计在2026年，南美洲的数字证券规模将达到5亿美元。

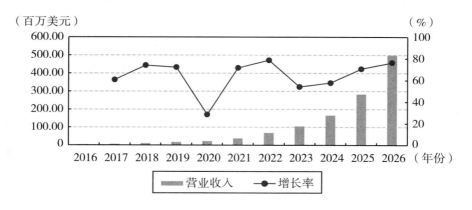

图4-8 南美洲营业收入与增长率

注：图中横坐标代表时间轴，其中2021年下半年以及2022～2026年的数据是Absolute Reports根据调研信息作出的预测。左侧纵坐标表示营业收入（条形图），右侧纵坐标表示增长率（折线图）。非美元的募资额以统计时的美元汇率进行换算，且未考虑美元的通货膨胀。

资料来源：Absolute Reports.

6. 各大洲发展潜力对比

根据Absolute Reports的预测，各大洲未来6年（2021～2026）的营业收入将迅速增长，具体情况如图4-9所示。从预测数据看，北美洲牢固地占据规模第一的位置，而欧洲、亚太地区、中东和非洲规模也逐渐壮大，相对来说，南美洲规模增加有限。

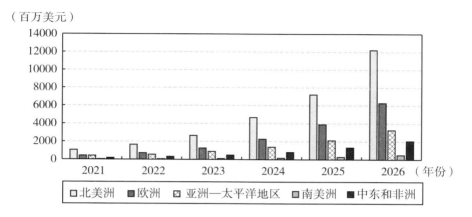

图 4-9 各大洲数字证券未来营业收入（预测）

资料来源：Absolute Reports.

具体到增长率上，图 4-10 给出了未来 6 年（2021~2026 年）的增长率预测。从预测数据看，北美洲依然高居榜首，数量基础转化为增长率优势，每年都有将近 50% 的增长率，是第二名欧洲的 2 倍。图 4-10 进一步显示了数字证券的地区潜力的排名，即北美洲、欧洲、亚洲—太平洋地区、中东和非洲以及南美洲。

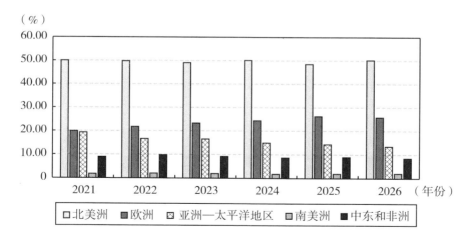

图 4-10 各大洲数字证券未来增长率（预测）

资料来源：Absolute Reports.

三、数字证券发展的国家与地区对比

（一）市场规模概览

在上一小节，我们从全球五大洲的维度，概括分析了全球数字货币市场的过去 5 年整体发展状况以及未来 5 年的趋势。在本部分，我们将从世界上的重点国家入手，比较分析重点国家数字证券的市场规模。

首先，我们先来了解 2016 年、2021 年和 2026 年，数字证券市场最活跃的国家的市场规模。由图 4 – 11 可以看出，2016 年数字证券营业收入排名前五的国家和地区为美国、中国、海湾地区、北欧地区及英国。[①] 其中，美国以 1.2 亿美元排名第一。中国的数字证券规模在 4000 万美元左右。

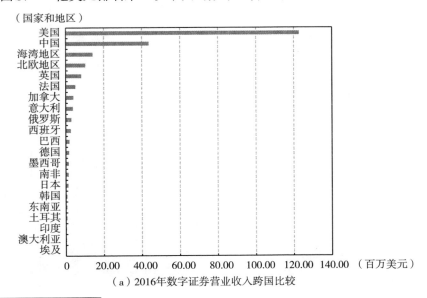

（a）2016年数字证券营业收入跨国比较

---

① 海湾地区（GCC Countries）包括沙特阿拉伯、科威特、阿拉伯联合酋长国、卡塔尔、阿曼苏丹王国、巴林王国和也门 7 国。总部设在沙特阿拉伯首都利雅得。北欧地区（Nordic）包括丹麦、芬兰、冰岛、挪威和瑞典。本书 2017 年之后有关中国数字证券的数据主要来自中国香港地区，后文同。

（国家和地区）

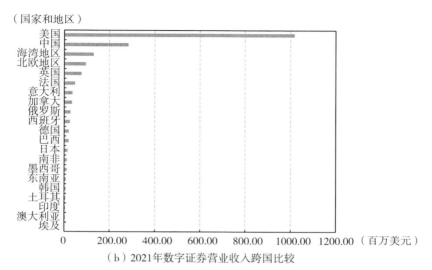

（b）2021年数字证券营业收入跨国比较

（国家和地区）

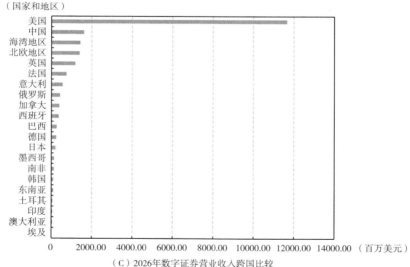

（C）2026年数字证券营业收入跨国比较

图 4 - 11 2016 年、2021 年、2026 年营业收入跨国比较

注：图中横坐标表示营业收入（百万美元），纵坐标为不同国家和地区。2017 年以后中国的统计数据来自中国香港地区。海湾地区（GCC Countries）包括沙特阿拉伯、科威特、阿拉伯联合酋长国、卡塔尔、阿曼苏丹王国、巴林王国和也门 7 国，总部设在沙特阿拉伯首都利雅得。北欧地区（Nordic）包括丹麦、芬兰、冰岛、挪威和瑞典。东南亚地区共有 11 个国家：缅甸、泰国、柬埔寨、老挝、越南、菲律宾、马来西亚、新加坡、文莱、印度尼西亚、东帝汶。非美元的募资额以统计时的美元汇率进行换算，且未考虑美元的通货膨胀。

资料来源：Absolute Reports.

2021 年和 2026 年世界各国数字证券规模的排名并无明显变化。但各国数字证券行业都获得极快的增长。比如，美国的数字证券总营业收入从 2016 年的 1.2 亿美元增长至 2021 年的 10 亿美元。预计 2026 年会进一步增加至 120 亿美元左右。中国的数字证券规模从 2016 年的 4000 万美元增长至 2021 年的 3 亿美元。由于目前中国（不包含港澳台地区）已经禁止了数字证券的发行和交易，随后的 5 年增长会放缓。预计到 2026 年，中国数字证券的规模为 18 亿美元左右。海湾地区和北欧地区由于更加开放的政策，数字证券保持较高的速度发展，与中国的规模差异将逐步缩小。

（二）数字证券国家和地区对比：营业收入与市场份额

接下来，我们将重点关注在数字证券市场中市场份额排名前五的国家和地区。

1. 美国

2015～2017 年，美国的数字证券市场发展非常迅速。大量投资者涌入这一新兴的市场，期望分享以比特币为代表的虚拟货币快速增长带来的利润。很多新成立的公司能在一夜之间募集上千万美元的资金。社会大众、大部分的投资者以及美国证监会等金融监管部门均缺乏对这一新型金融产品的认识。为了保护投资者，早期很多与数字证券发行和交易有关的活动都被证监会禁止。

例如，在 DAO 报告出台之前，美国的金融科技公司 Munchee 曾通过发行数字证券成功募集资金，其在发行书中的两点声明引起美国证监会的注意：第一，公司会保证所发行数字证券的流动性（尽管彼时尚未有正式的交易平台）；第二，管理人员会努力工作让其发行证券的价格上升。美国证监会据此判定 Munchee 所发行的数字证券具备传统证券的属性，因此禁止其数字证券的销售，同时责令其管理人员将已募集的资金全额返还给投资者。早期的这些禁令极大地约束了数字证券市场的发展。

从图 4 - 12 中可以看出，2016 ~ 2017 年美国数字证券市场规模始终维持在较低的水平。2017 年 7 月，美国证监会发布了著名的 DAO 报告，明确了数字证券的发行和交易是否应该受美国证券法和证券交易法的监管，以及在何种情况下数字证券的发行适用相应的豁免条款。这些合理监管措施的出台，有利于统一市场参与者的共识，更有利于整个行业的长期、有序发展。再者，2018 年 Templum、tZero、Coinbase 和 Sharespost 等数字证券公司都推出了各自的交易平台。这些平台不仅可以交易平台公司自己发行的数字证券，也可以交易其他公司发行的数字证券。这些基础设施的完善极大地保证了二级市场的流动性，使数字证券在美国获得较快的发展。图 4 - 11 的数据也支持这一观点。可以看出，2018 年以后，数字证券公司

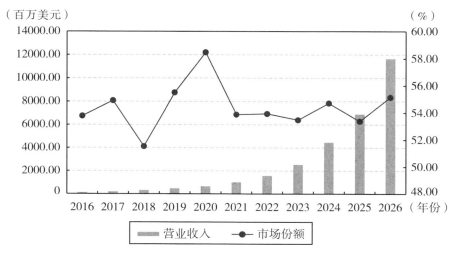

图 4 - 12　美国数字证券营业收入和市场份额变动

注：图中横坐标代表时间轴，其中 2021 年下半年以及 2022 ~ 2026 年的数据是 Absolute Reports 根据调研获得的信息作出的预测。左侧纵坐标表示营业收入（条形图），右侧纵坐标表示增长率（折线图）。非美元的募资额以统计时的美元汇率进行换算，且未考虑美元的通货膨胀。

资料来源：Absolute Reports.

的营业收入开始以指数形式增长。预计到 2026 年，美国数字证券市场规模将接近 120 亿美元。从 2016 年萌芽到 2026 年百亿美元的市场规模，可以看出数字证券强大的生命力，未来还会有更多的企业和个人参与到这场数字证券的巨大浪潮中来。

此外，从市场份额的变动可以看出，美国始终占据全球数字证券的半壁江山，最低值为 2018 年的 52%，最高值 58% 出现在 2020 年。美国在数字证券市场上的统治地位也展现了其在金融行业强大的包容性和创造力。

2. 中国

在 2017 年以前，STO 包括 ICO 在中国蓬勃发展，大量的企业特别是与区块链相关的金融科技类公司通过发行数字证券募集了大量的资金。然而，蓬勃发展的背后也隐藏着难以忽视的金融风险。由于缺乏监管，很多企业在没有任何生产经营业务的情况下，通过一本白皮书就可以募集大量资金，欺诈行为屡见不鲜。而且由于比特币和以太网等虚拟货币具有随时随地交易的便捷属性，很多企业和个人通过数字证券的交易将国内非法资产转移至国外，数字证券市场也成为洗钱等犯罪活动的高发区。基于以上种种原因，中国（不包括港澳台地区）监管机构于 2017 年 9 月全面禁止了数字证券的发行和交易。① 从图 4 - 13 中可以看出，受政策影响，2018 ~ 2020 年三年数字证券行业的总营业收入逐年下滑，市场份额也从 2016 年的 20% 下降至 2020 年的 10%。尽管随着新冠肺炎疫情之后的经济复苏，数字证券的市场会逐渐回暖，然而未来中国对数字证券的政策是否会有好转，现在还无从知晓。但以目前数字证券的发行和交易在中国（不包括港澳台）仍被禁止的情况来看，预计从 2021 年开始，市场份额会持续不断地下滑，到 2026 年，市场份额将可能跌至 8% 左右。

---

① 2017 年以后的数据主要来源于中国香港地区。

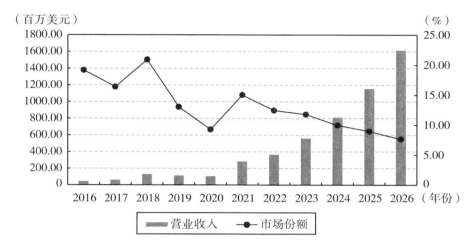

图4-13 中国数字证券营业收入和市场份额变动

注：图中横坐标代表时间轴，其中2021年下半年以及2022~2026年的数据是Absolute Reports根据调研获得的信息作出的预测。左侧纵坐标表示营业收入（条形图），右侧纵坐标表示增长率（折线图）。2017年以后的数据来自中国香港地区。非美元的募资额以统计时的美元汇率进行换算，且未考虑美元的通货膨胀。

资料来源：Absolute Reports.

3. 海湾地区

海湾地区（GCC Countries）包括沙特阿拉伯、科威特、阿拉伯联合酋长国、卡塔尔、阿曼苏丹王国、巴林王国和也门。海湾地区作为全球市场非常重要的经济体，数字证券也获得较快发展。目前整体规模居全球第二位。

从图4-14可以看出，海湾地区数字证券的发展轨迹与全球同步。2019年以前的发展较为缓慢，之后开始指数级增长。预计到2026年，海湾地区数字证券规模将超过14亿美元。从市场份额来看，海湾地区占到全球6%~8%。在下一小节将会讨论，海湾地区由于丰富的石油资源，其数字证券的发展也具有自己的特色。

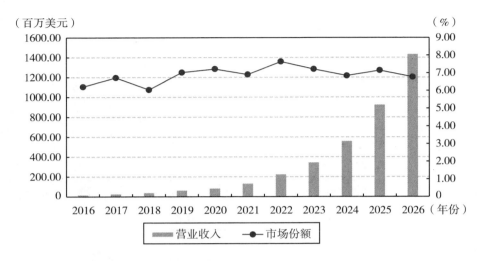

图 4－14 海湾地区数字证券营业收入和市场份额变动

注：图中横坐标代表时间轴，其中 2021 年下半年以及 2022～2026 年的数据是 Absolute Reports 根据调研获得的信息作出的预测。左侧纵坐标表示营业收入（条形图），右侧纵坐标表示增长率（折线图）。非美元的募资额以统计时的美元汇率进行换算，且未考虑美元的通货膨胀。

资料来源：Absolute Reports.

4. 北欧地区

北欧地区包括丹麦、芬兰、冰岛、挪威和瑞典。这一地区经济发达，社会生活质量很高，数字证券的发展也比较迅速，目前整体规模排名世界第四。

图 4－15 显示，北欧地区 2016 年数字证券规模只有 1000 万美元左右，到 2021 年已经接近 1 亿美元。预计到 2026 年，将达到 14 亿美元的市场规模。而且从市场份额的变动可以看出，北欧地区的市场份额一直在缓慢增加，从 2016 年的 4.5% 升至 2021 的 5%，预计在 2026 年将进一步上升至 7% 左右。

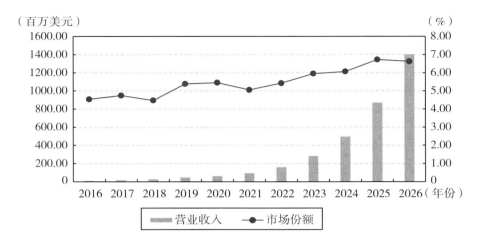

图 4 - 15　北欧地区数字证券营业收入和市场份额变动

　　注：图中横坐标代表时间轴，其中 2021 年下半年以及 2022 ~ 2026 年的数据是
Absolute Reports 根据调研获得的信息作出的预测。左侧纵坐标表示营业收入（条形
图），右侧纵坐标表示增长率（折线图）。非美元的募资额以统计时的美元汇率进行
换算，且未考虑美元的通货膨胀。

　　资料来源：Absolute Reports.

5. 英国

　　英国的金融监管当局在数字证券发展初期采取了中立观望的态度。
在 2019 年 1 月，英国的金融监管部门（financial conduct authority，FCA）
发布公告，正式将数字证券纳入传统证券的监管框架。合理的监管有利
于明确数字证券的业务边界，是数字证券市场趋于完善的表现，图 4 - 16
也印证了这一点。2016 年数字证券营业收入约为 800 万美元，2021 年增
长至 7600 万美元，增长了近 8 倍。预计 2026 年整体规模将提升至 12 亿
美元。

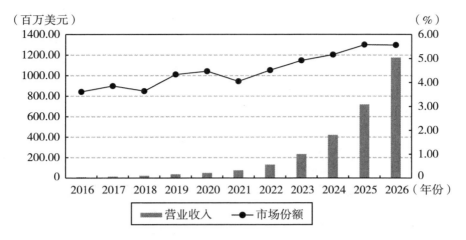

图 4 – 16　英国数字证券营业收入和市场份额变动

注：图中横坐标代表时间轴，其中 2021 年下半年以及 2022～2026 年的数据是
Absolute Reports 根据调研获得的信息作出的预测。左侧纵坐标表示营业收入（条形
图），右侧纵坐标表示增长率（折线图）。非美元的募资额以统计时的美元汇率进行换
算，且未考虑美元的通货膨胀。

资料来源：Absolute Reports.

（三）数字证券国家和地区对比：发行人行业分布

　　表 4 – 3 展示了 Blockstate 统计的 2018～2020 年数字证券发行数据。可
以看出，美国以 6.6 亿美元居全球首位，英国以 0.8764 亿美元排名第二，
第三名是海湾地区，数字证券发行总额为 0.8731 亿美元。北欧地区（0.8
亿美元）和中国（0.6245 亿美元）紧随其后，分列第四和第五位。

　　从发行数来看，美国共有 33 只数字证券发行上市，英国这一数值为 11
只。海湾地区、中国和北欧地区相对较少，分别有 4 只、3 只和 2 只数字证
券发行上市（见表 4 – 3）。由此可见，一级市场比较活跃的地区仍旧是传
统金融市场发达的美国和英国。

表4-3   数字证券发行

国家和地区	募资额（百万美元）	发行数
美国	663.97	33
英国	87.64	11
海湾地区	87.31	4
北欧地区	80.00	2
中国	62.45	3

注：表格中的数据涵盖2018～2020年Blockstate调研的世界主要数字证券公司的发行数据。非美元的募资额以发行时的美元汇率进行换算，且未考虑美元的通货膨胀。此数据仅统计首次数字证券发行（initial security token offerings，ISTO），所以发行数等价于发行数字证券的企业个数。

资料来源：Blockstate.

导致上述现象可能的原因有如下几方面：第一，美国纽约和英国伦敦分别拥有全球最大的两个金融中心。金融市场的基础设施很完善，氛围很活跃，对新的金融产品具有很强的包容性，为数字证券的发展提供了较好的土壤。第二，纽约和伦敦拥有大量成熟的机构投资者，他们拥有专业的金融分析技术和丰富的投资经验，也具备很强的风险承受能力。这些条件都非常有利于数字证券等新型金融产品的发展。第三，美国和英国的监管当局与金融机构、数字证券企业和投资者形成了有效的良性互动。

例如，英国的金融监管局FCA很早便与数字证券企业成立各种沙盒（sandbox）来共同讨论各种虚拟货币以及数字证券的监管问题；美国证监会（SEC）也在与金融机构、数字证券企业以及专家学者充分讨论之后，形成了具有前瞻性的DAO报告，明确了数字证券的金融边界。美国和英国都将数字证券归于传统证券的监管框架，并且确定了豁免的具体条件。

1. 美国

图4-17展示了美国数字证券企业的行业分布。可以看出，数字证券的发行行业聚集非常明显，金融行业共募集4.6141亿美元，占据所有

募集资金的 68% 。其次是房地产行业，共募集 0.52 亿美元，占总募资额的 8% 。排第三名的是科技行业，通过发行数字证券募集 0.5075 亿美元，占 7.6% 。另外，软件、博彩、区块链和电子商务也是发行数字证券较为活跃的行业。

（百万美元）

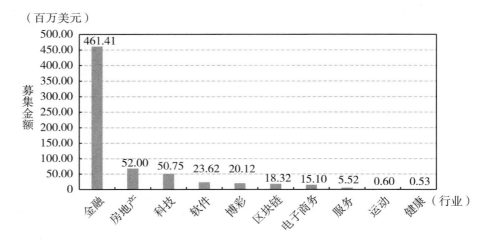

图 4 - 17 美国数字证券发行行业分布

注：图中的数据涵盖 2018~2020 年 Blockstate 调研的世界主要数字证券公司的发行数据。行业分类直接取自 Blockstate 网站，定义或与其他统计机构有差异。此数据仅统计首次数字证券发行（ISTO），且未考虑美元的通货膨胀。

资料来源：Blockstate.

2. 英国

从图 4 - 18 可以看出，英国发行数字证券的行业分布也比较广泛，5 个不同的行业都通过发行数字证券募集资金。其中，最为活跃的金融行业募集约 7000 万美元，占总募资额的 82% 。其次为软件行业，共募集 1200 万美元，占 14% 。房地产行业排名第三，共募集 229 万美元，占 3% 。最后，服务行业和基础设施行业分别募集 130 万美元和 100 万美元，分别占总募资额的 1.5% 和 1.1% 。

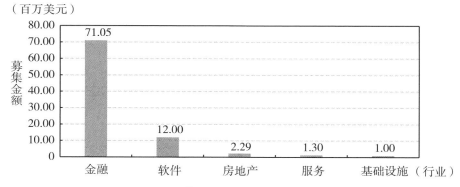

图 4 – 18　英国数字证券发行行业分布

注：图中的数据涵盖 2018~2020 年 Blockstate 调研的世界主要数字证券公司的发行数据。行业分类直接取自 Blockstate 网站，定义或与其他统计机构有差异。此数据仅统计首次数字证券发行（ISTO）。非美元的募资额以发行时的美元汇率进行换算，且未考虑美元的通货膨胀。

资料来源：Blockstate.

3. 海湾地区

图 4 – 19 展示了海湾地区数字证券的行业分布。总的来说，数字证券企业主要分布于四个行业：房地产、基础设施、能源和金融。其中，房地产行业募集 6783 万美元，占据总募资额的 80%。其次为基础设施行业，总募资额 900 万美元，占 10%。海湾地区丰富的石油资源使得其数字证券的发展也具备这一特色。与其他国家不同，大量的能源类企业通过数字证券的发行募集资金。具体而言，能源行业通过发行数字证券共募集近 7980 万美元，占总募资额的 9%。最后，金融行业共募集 250 万美元，占 3%。

4. 北欧地区

北欧地区经济发达，生活水平高，社会福利好。养老与健康是北欧社会的支柱产业。从图 4 – 20 中也可以看出，健康产业是数字证券最为活跃的行业，募资额为 6969 万美元，占总募资额的 87.5%。另外，金融行业共募资 1031 万美元，占 12.5%。

（百万美元）

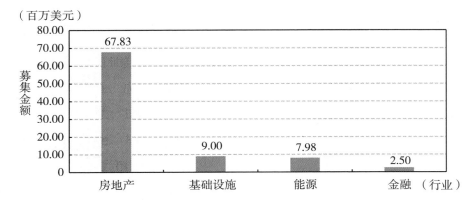

图 4-19　海湾地区数字证券发行行业分布

　　注：图中的数据涵盖 2018~2020 年 Blockstate 调研的世界主要数字证券公司的发行数据。行业分类直接取自 Blockstate 网站，定义或与其他统计机构有差异。此数据仅统计首次数字证券发行（ISTO）。非美元的募资额以发行时的美元汇率进行换算，且未考虑美元的通货膨胀。

　　资料来源：Blockstate.

（百万美元）

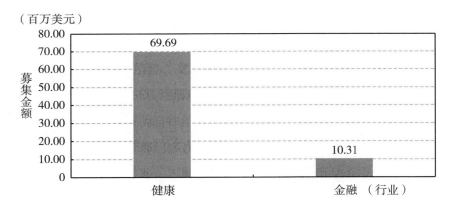

图 4-20　北欧地区数字证券发行行业分布

　　注：图中的数据涵盖 2018~2020 年 Blockstate 调研的世界主要数字证券公司的发行数据。行业分类直接取自 Blockstate 网站，定义或与其他统计机构有差异。此数据仅统计首次数字证券发行（ISTO）。非美元的募资额以发行时的美元汇率进行换算，且未考虑美元的通货膨胀。

　　资料来源：Blockstate.

5. 中国

图 4 - 21 显示，中国发行数字证券的行业并不多，只有金融、服务和房地产行业。与美国的情况相同，金融行业仍旧是数字证券发行最为活跃的行业。具体来看，金融行业共发行募集超 4662 万美元，占总募资额的72%。其次为服务行业，共募集 1000 万美元，占 16%。最后为房地产行业，共募集 583 万美元，占总募资额的9%。①

（百万美元）

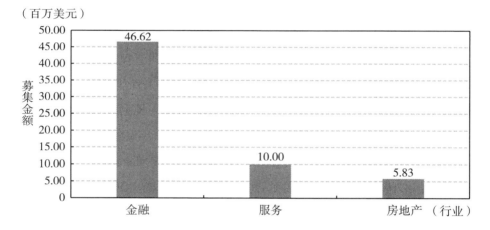

图 4 - 21　中国数字证券发行行业分布

注：图中的数据涵盖 2018～2020 年 Blockstate 调研的世界主要数字证券公司的发行数据。行业分类直接取自 Blockstate 网站，定义或与其他统计机构有差异。此数据仅统计首次数字证券发行（ISTO）。非美元的募资额以发行时的美元汇率进行换算，且未考虑美元的通货膨胀。

资料来源：Blockstate.

（四）数字证券国家和地区对比：抵押资产类型

数字证券的发行需要有相应的资产作为抵押。这与早期的虚拟货币发

---

① 剩余的 3% 是其他行业的总和。

行上市（ICO）有本质区别。根据抵押资产的不同，本报告大体上将数字证券的发行分为三类：股权、债权和其他资产。其中其他资产涵盖了所有非股权非债权的资产，比如房地产、大宗商品和艺术品等。值得注意的是，很多在传统的金融市场不能作为抵押物的资产（比如艺术品和互联网上的数字资产），都可以被数字证券化发行上市。目前，或由于股权资产良好的流动性和成长性，发行人以及投资者更倾向于选择股权作为数字证券发行的抵押物。我们将同样从美国、英国、海湾地区、北欧和中国着手，进行分析比较。

1. 美国

图 4 - 22 列示了美国数字证券抵押资产的分布情况。其中，以股权为抵押物的数字证券发行共募集 4.0540 亿美元，占总发行额的 61%。以债权为抵押的数字证券共募集 1.7658 亿美元，占 27%。以其他资产作为抵押物共发行募集 0.82 亿美元，占 12%。可以看出，传统的股权和债权由于在美国市场上具有较好的流动性，仍旧是数字证券发行中比较优质的抵押物。

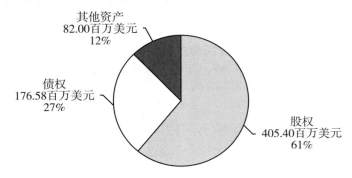

图 4 - 22　美国数字证券发行资产类型

注：饼图边缘的数字代表发行募集金额（百万美元）。不同的颜色区域代表市场份额。其他资产主要包括石油、房地产等。图中的数据涵盖 2018～2020 年 Blockstate 调研的世界主要数字证券公司的发行数据。此数据仅统计首次数字证券发行（ISTO），且未考虑美元的通货膨胀。

资料来源：Blockstate.

但非股权非债权的资产也占据数字证券抵押物中较大的份额。说明大量的流动性较差的资产在数字证券的帮助下开始进入金融市场，并逐步被投资者所接受。更多资产的加入和更多金融产品的出现，可以分散投资者的投资风险（主要为非系统性风险），提升金融市场效率。

2. 英国

图 4 – 23 展示了英国数字证券发行资产类型的分布。以股权资产为抵押的数字证券发行共募集 7538 万美元，占总募资额的 86%。以债权作为抵押资产的数字证券发行共募集约 897 万美元，占 10%。以其他资产为抵押物共募集约 329 万美元，占 4%。与美国相比，英国数字证券的发行过度依赖股权资产，债权和其他资产占比太低。

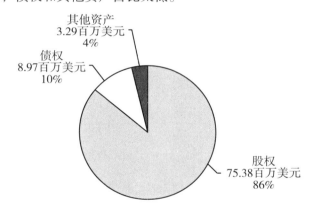

其他资产
3.29百万美元
4%

债权
8.97百万美元
10%

股权
75.38百万美元
86%

图 4 – 23　英国数字证券发行资产类型

注：饼图边缘的数字代表发行募集金额（百万美元）。不同的颜色区域代表市场份额。其他资产主要包括石油、房地产等。图中的数据涵盖 2018 ~ 2020 年 Blockstate 调研的世界主要数字证券公司的发行数据。此数据仅统计首次数字证券发行（ISTO）。非美元的募资额以发行时的美元汇率进行换算，且未考虑美元的通货膨胀。

资料来源：Blockstate.

3. 海湾地区

海湾地区的数字证券发行呈现其独有的特点。由图 4 – 24 可以看出，其他资产支持的数字证券发行共募集6783万美元，占总募资额的77%。尽管数据样本有限，无法明确判断其他资产的具体内容。但从海湾地区丰富的石油资源可以推断出，其他资产中绝大多数的抵押物是石油。另外，以股权为抵押的数字证券发行共募集1948万美元，占23%。

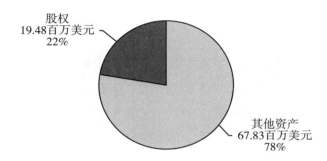

图4-24　海湾地区数字证券发行资产类型

注：饼图边缘的数字代表发行募集金额（百万美元）。不同的颜色区域代表市场份额。其他资产主要包括石油、房地产等。图中的数据涵盖2018～2020年Blockstate调研的世界主要数字证券公司的发行数据。此数据仅统计首次数字证券发行（ISTO）。非美元的募资额以发行时的美元汇率进行换算，且未考虑美元的通货膨胀。

资料来源：Blockstate.

4. 北欧地区

据图4-25可知，2018～2020年北欧地区共有两个数字证券发行案例，均以股权为抵押资产，共募集8000万美元。由于发行数量有限，不作特别分析。

5. 中国

中国目前只有两类资产出现在数字证券的发行中，如图4-26所示，分别是股权和其他资产。其中，以股权资产为抵押的数字证券发行共募集5662万美元，占总募资额的91%。以其他资产为抵押共募集583万美元，占9%。

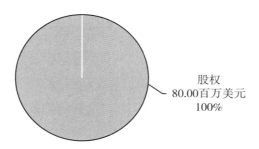

图 4 - 25　北欧地区数字证券发行资产类型

注：饼图边缘的数字代表发行募集金额（百万美元）。不同的颜色区域代表市场份额。其他资产主要包括石油、房地产等。图中的数据涵盖 2018 ~ 2020 年 Blockstate 调研的世界主要数字证券公司的发行数据。此数据仅统计首次数字证券发行（ISTO）。非美元的募资额以发行时的美元汇率进行换算，且未考虑美元的通货膨胀。

资料来源：Blockstate.

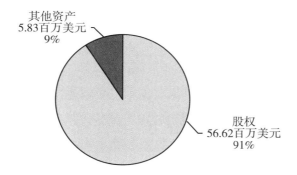

图 4 - 26　中国数字证券发行资产类型

注：饼图边缘的数字代表发行募集金额（百万美元）。不同的颜色区域代表市场份额。其他资产主要包括石油、房地产等。图中的数据涵盖 2018 ~ 2020 年 Blockstate 调研的世界主要数字证券公司的发行数据。此数据仅统计首次数字证券发行（ISTO）。非美元的募资额以发行时的美元汇率进行换算，且未考虑美元的通货膨胀。

资料来源：Blockstate.

与大多数国家不同，中国发行数字证券的抵押资产中，没有债权。债权在中国数字证券市场接受度不高的潜在原因可能有如下两个：

一是中国的债权市场本身蕴含着较高的违约风险（既有非系统性的，也有系统性的）。

二是债权市场的流动性较差。在传统的证券市场，人们通过资产证券化来解决债券市场的流动性问题。换言之，金融中介通过打包债权相关的资产（债权、银行贷款等），以这些债权资产产生的现金流为抵押，发行流动性更高的 3A 评级债券。数字证券的发行本质上就是资产证券化，与传统资产证券化相比唯一的区别在于将资产数字证券化。中国资产证券化的发展较为缓慢，市场基础设施也并不完善，这些原因使得数字证券的投资者对以债权资产为抵押的数字证券发行顾虑较多。

四、数字证券发展的国际借鉴

（一）各国或地区数字证券发展差异化的潜在原因

第一，金融市场的广度和深度。金融产品的多样性、投资者的参与度以及市场的流动性是衡量一个国家金融发展水平的重要指标。数字证券作为一种全新的金融工具，其产生、发展和壮大将不得不受制于一个国家金融市场的广度和深度。美国和英国分别拥有全球最活跃的两个金融中心，目前数字证券的发展领先于世界其他国家和地区。此外，美国债权市场的完善使得大量数字证券的发行以债权资产作为抵押，也构成其数字证券发展区别于其他国家的一大特色。

第二，资源禀赋。资源具有稀缺性。任何国家的经济活动都会因资源禀赋的差异而形成各自的特色。海湾地区丰富的石油资源使得数字证券的发行更多地聚集于能源行业，而且石油被广泛地用作发行的资产抵押。

第三，社会制度。北欧地区经济发达，人民生活水平高，是高福利的社会主义国家。养老与健康是北欧国家的支柱产业，通过数字证券发行上市的企业超过八成来自健康医疗行业。

第四，政府监管。数字证券是一种新的金融产品，不同国家持有不同的监管态度。在更加包容的经济体，数字证券发展更迅速。相反，在更谨慎保守的经济体，数字证券发展更缓慢。中国是数字证券起步较早的国家之一，但近年由于严格的监管限制，市场份额正在逐步缩小。

（二）中国发展数字证券可以借鉴的经验

第一，监管机构保持协作沟通，密切关注数字证券发展的影响和风险。尽管数字证券在不同国家有不同的路径和特征，但总体来看，政府监管都采取了宏观审慎的基本原则，并使得监管契合金融稳定的总体目标。考虑到中国当前金融监管的趋势和方向，监管机构应该借鉴相关国家监管经验，密切关注并在相关监管政策制定中设定数字证券的位置、影响并预判的风险。

第二，金融机构在严守合规的前提下，关注数字证券对金融产品、金融业务、市场机制构建等多方面的影响，积极配合监管政策，与市场、监管机构以及学界保持双向沟通，并在政策允许的范围内对数字证券的关联形态等进行探索。

第三，相关金融、技术以及金融科技研究紧密跟踪数字证券的发展、变化及其影响，从金融的基础出发探索、界定和明确数字证券的机制和内涵，梳理其发展规律，构建相关数据基础和研究体系，将该新生事物去神秘化，并与监管机构和金融机构进行充分沟通，为金融市场发展以及数字证券发展提供评估平台和咨询智库。

参考文献：

[1] Akerlof G. A. , 1978. The market for "lemons"：Quality uncertainty and the market mechanism. *Uncertainty in Economics.* 235 – 251.

［2］ Diamond D. W. , 1984. Financial intermediation and delegated monitoring. *Review of Economic Studies*, 51 （3）, 393 – 414.

［3］ Dowling M. , 2021. Fertile LAND：Pricing non-fungible tokens. *Finance Research Letters*, 102096.

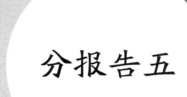

分报告五

数字证券的全球治理：域内制度与国际规则*

摘　要： 如何将金融科技创新接入合规的轨道，是目前世界各国在数字证券治理方面面临的重大课题。数字证券治理包含三个层面：技术层面、组织层面、业态层面。数字证券在技术层面治理可以以开源治理为参考范本，应当为不同主体的分散化研发努力提供共同的技术基础和共识基础，区分不同情况以解决技术层面代码开发过程中的归责难题，并同时确保数字证券合约所设置的激励、约束条件的合法性与合理性。数字证券组织层面治理，既包含平台治理，以达到合规要求，又包括去中心化组织治理，以契合分布式账本和智能合约技术的特殊性。业态治理方面，国际实践已经形成了明显的监管导向，但各国之间仍存有较大差异：中国以稳定促发展，目前禁止国内的首次代币发行（ICO）等项目；美国、日本、中国香港地区允许数字证券发行流通，但具有严格的监管措施，实行牌照化管理；英国、新加坡等的监管措施则相对宽松。

关键词： 数字证券治理　开源治理　组织层面治理　业态治理　监管

---

　　* 分报告五执笔人：邢会强，法学博士，中央财经大学法学院教授、博士生导师；贾开，管理学博士，电子科技大学公共管理学院副教授；王东，中央财经大学法学院金融法学博士生，中央财经大学金融服务法研究中心研究人员。

数字证券的发展与治理是最重要的两个方面，其中，治理是数字证券健康、长久发展的根本。数字证券缘起于分布式账本和智能合约技术创新，这也决定了数字证券治理包含了技术、组织、业态三个层面。数字技术是推动证券产业数字化的原动力，为达成数字证券的去中心化、安全性与可扩展性要求，开源治理提供了重要的技术范本；由于分布式账本和智能合约技术的特殊性，数字证券平台治理将不再局限于对交易所等传统组织形态的治理，还包括对去中心化组织的治理；尽管区块链技术倡导去中心化，但数字证券仍以监管为导向，在业态治理层面，国际上的监管态度存在差异，中国目前尚未打开国内的数字证券市场，而在允许数字证券的发行与交易的国家与地区中，其监管态度也可进一步区分为宽容型与严格型。

一、数字证券治理的主要内涵：
基于生态系统的视角

根据《蓝皮书》第一章定义，数字证券是"在分布式账本技术或基于分布式账本上智能合约的基础上，投资者为了获得利润进行共同投资而取得的可拆分、可转让的代表投资性权益的凭证"。相比于传统证券，数字证券的发展是建立在技术创新的基础上。正是得益于分布式账本以及建基之上的智能合约技术，才使得证券的发行、投资、交易、收益模式产生了重大变化。但技术创新并不总是意味着"进步"，技术的不法利用甚至带来了更大的市场风险。围绕 ICO 的"庞氏骗局"，以及利用分布式账本技术绕开金融监管的"地下市场"，都是数字证券发展历程中所频繁出现的治理挑战。正因为此，如何在兼顾技术创新和业态创新的同时，建构适应数字证券发展规律并能有效回应监管需求的治理体系，仍然是摆在各国决策者面前的重大任务。

数字证券治理包含三个层面：技术层面、组织层面、业态层面。首先，技术层面的治理主要是指数字证券基础技术的治理。不同于传统技术，分布式账本和智能合约都属于开源技术，其分布式、去（弱）中心化的技术特征使得如何在缺少科层结构、中心权威协调下维系技术演化和协调过程的共识，便成为数字证券技术层面治理的主要议题。其次，组织层面的治理主要是指基于数字证券业态而衍生出的新型组织形态的治理，这既包括交易所等传统组织形态在数字证券领域的具体体现，也包括以去中心化组织（DAO）为代表的新型组织业态，其核心治理议题是组织本身的内部治理，以及组织所应承担的法定责任治理问题。最后，业态层面的治理主要是针对数字证券不同形态的治理，这又具体包括传统证券监管体系在数字证券领域的适用问题，以及因数字证券业态创新而带来的新监管问题。

技术层面、组织层面、业态层面的治理共同构成了数字证券生态系统的整体治理体系与治理框架，本报告第二部分、第三部分、第四部分将分别聚焦三个层面的治理问题，并结合全球进展展开论述。

二、数字证券技术层面治理：开源治理

对于建立在分布式账本和智能合约技术基础上的数字证券业态而言，分布式、去（弱）中心化的技术特征使得如何在缺少科层结构、中心权威协调下维系技术演化和组织过程的共识，成为数字证券技术层面治理需要面对的重要议题。具体而言，这又指分散主体如何就数字证券技术的演化过程达成共识，以在不形成中心权威的前提下确保技术本身能够伴随需求的变化而适时调整。换言之，数字证券技术层面治理要解决的，是如何在分布式、去（弱）中心化的环境下，维持技术本身的稳定性和动态发展性。

值得注意的是，虽然历经十余年发展，但数字证券相关技术创新仍然面临三方面瓶颈。第一，去（弱）中心化的结构特征使得分布式账本技术客观上要求每个节点在存储能力、计算能力、网络通信能力方面具有同等性，否则便可能导致交易效率的下降和成本的提高；第二，不同节点为了获得网络中所有节点的信任，需要对其他所有节点放弃部分隐私权，而不是对某个中心节点放弃隐私权，这与当前人类社会的运行常态相悖；第三，不同分布式账本及其分布式共识机制之间的连接、融合和转换存在极大挑战与难度，从而将整个数字证券世界割裂为不同网络，限制了规模效应的释放。也正因为瓶颈的存在，技术的演化发展及其相应治理机制的建立才同样具有必要性。

　　一方面，要突破上述问题，作为数字证券业态技术基础的公有链或联盟链（以下统称"基础链"）的开发与普及便成为关键。但遗憾的是，就目前的发展阶段而言，仍然没有能够在去中心化、安全性、可扩展性等方面同时满足应用需求的基础链。常规的发展逻辑是探索"链上治理"，即通过将分布式账本、智能合约技术与"代币经济"相结合，借助特殊且各有特点的机制设计，既撬动初始资源、又能够激励并约束各方参与基础链生态开发，以使之最终能够形成自动运转的智能体系。但这一思路的缺点在于其过分夸大了技术作用而忽略了社会现象的复杂性。事实上，无论是区块本身的生成与延伸（基础链的运行），还是围绕协议升级、参数修改、重大漏洞完善（基础链的改进）等诸多问题的共识形成，均不仅是通过代码就能够自动解决的技术问题，其更多体现为需要各方参与的基础链治理难题。另一方面，所谓"治理"也并不简单意味着在代码中融入"经济人"假设下的激励与约束条件，其更多意味着理念、行为、组织的全面转变以及相应的其他配套条件的成熟与完善。① 正因为此，我们需要以更加系统、全面的视角来看待当前的基础链治理难

---

① 贾开：《区块链的三重变革研究：技术、组织与制度》，载《中国行政管理》，2020 年第 1 期。

题。具体而言，如果"链上治理"并不是我们手中的"银弹"，那么我们究竟该如何界定基础链治理所面临挑战的本质，以及如何在此基础上寻找可能的突破路径？本书认为，区块链基础链治理的本质仍然是分散化个体的集体行动问题，在此具体体现为如何调动分散各方力量以形成更高质量的代码和更丰富的应用生态，而这这一治理问题与开源软件社区的治理创新有着紧密联系。

开源软件社区治理所要回答的核心问题是在一个松散的网络社区结构下如何激发参与者的积极性进而就程序代码的开发实现共识。开源软件是一种与传统软件专属模式（不公布源代码）的"针锋相对"的软件开发模式，它实际上向全球社会提供了巨大的代码知识库，有利于后来者的渐进式创新。如何利用开源治理的经验撬动分布式账本及智能合约技术全球治理（在此具体是指数字证券全球治理）便成为本书所要讨论的主要内容，而这又可具体包括"如何激励各方参与动机"以及"如何协调各方集体行动"两点。一方面，开源治理参与者的激励动机不同于建立在产权回报基础上的传统生产模式，不同主体的多元化动机都可能激励其参与到开源技术的完善进程中来，已有研究也总结出了信号理论①、互惠行为②、礼物文化③等具体实现机制；另一方面，开源治理参与者的集体行动更多取决于克里斯玛型权威④的引导和开源社区社会关系和规则的塑造，后者又特别是指以"左版权"为核心的新型产权安排使得所有权、使用权、开发权

---

① Josh Lerner, Jean Tirole, "Some Simple Economics of Open Source", *The Journal of Industrial Economics*, 2002（2）.

② Wasko M. M., Faraj S. "Why should I share? Examinations social capital and knowledge contribution in electronic networks of practice". *Management Information Systems Research Center*, 2005（1）.

③ Bitzer J. "Commercial versus open source software: the role of product heterogeneity in competition", *Economic systems*, 2004（4）.

④ David R. Booth. *Peer Participation and Software: What Mozilla has to Teach Government.* Cambridge: The MIT Press. 2010.

（发布权）的分离有助于克服"公地悲剧""搭便车"等投机问题①。

开源治理试图解决的问题与分布式账本及智能合约技术发展所面临的问题具有非常强的类似性。分布式账本技术的潜在价值正在于以去中心化（或弱中心化）的方式调动各方主体积极性，并最终以更低成本实现不同主体间的相互协作或集体行动。无论是开源软件还是分布式账本技术，其面对的对象都是分散化个体，且其行为不能通过雇佣关系、行政命令或组织控制等传统方式实现管理。同时，考虑到开源软件社区是一个跨国界的全球现象，因而开源治理又天然具有全球治理的属性与特征。正因为此，开源治理在长期发展过程中形成的治理经验，恰好为突破分布式账本技术的发展"瓶颈"提供了经验参考，其也自然成为数字证券全球治理在技术维度所需着重考量的经典范本。

基于上述视角，数字证券治理在技术层面应构建以下三个方面的治理体系和框架创新：第一，在技术层面应推进标准化、体系化建设，以为不同主体的分散化研发努力提供共同的技术基础和共识基础。第二，应区分不同情况以解决技术层面代码开发过程中的归责难题。与其他技术不同，区块链的分布式特性使得当出现代码漏洞时如何对相关主体归责成为治理难点。解决该问题的政策路径又可分为两点：一方面，当代码的供给方以及相应服务的提供方为市场平台时（如基于分布式账本技术的交易所），由于其代码漏洞而对公共利益产生损害的，应以平台为追责对象；另一方面，当技术社区作为代码供给与维护的主体时（如比特币开源社区、以太坊开源社区），推动社区自治以及构建相应的全球治理机制便成为更切实际的公共政策选择。就后者而言，技术社区往往是由跨国界的全球开发者共同组成，基于疆域范围的国家主权不仅对此缺乏合法的管辖权，且所制定的国内政策的有效性也往往存疑。针对此问题，

---

① Richard M. Stallman. *Free Software*, *Free Society*: *Selected Essays of Richard M. Stallman*, 2nd Edn. 2010. Boston: Free Software Foundation, Inc.

推动构建相应的全球治理机制并积极发挥主权政府的影响，通过倡导区块链代码开发伦理原则、行为规范等方式推动多利益相关方共同参与的社区自治，以最终实现代码层治理，都应成为数字证券技术层治理公共政策框架的考虑范围。第三，数字证券的机制设计应确保合约所设置的激励、约束条件的合法性与合理性。相比于代码编写的中立性，机制设计更加突出地体现了设计者的偏好与意图。事实上，机制设计可被视为分布式账本技术作为数字空间的控制结构而与现实空间的人类行为建立联系的结合点。就目前的数字证券产业形态而言，这又集中于"代币"与"智能合约"这两个焦点，前者涉及分布式网络形成过程中相关主体行为的激励与约束，而后者则涉及数字证券的诸多交易形态。一方面，对于"代币"的机制设计而言，其涉及的主要议题在于合法性问题。比特币的兴起极大地引发了人们对于"代币"的热情，其在促进区块链迅速为人所熟知的过程中也带来了诸多投机行为，并甚至演变为大规模的非法集资。但事实上，"代币"的功能并非价格投机，其本质在于激励相关主体的参与以降低项目初期风险并进而构建区块链生态。从这一角度讲，针对"代币"的监管政策就应区分其不同的功能设定：将"代币"作为投机手段则应受到更为严格的监管（如美国即将"代币"发行纳入证券交易委员会的监管范畴），反之则应辅之以更为包容性的监管以促进产业发展。另一方面，对于"智能合约"的机制设计而言，治理焦点在于合约条件的合法性与合理性规范，以及针对新业态出现后的监管空白而进行的制度创新。就后者而言，主要的治理挑战在于建立在人类行为因果关系分析基础上的传统归责体系，可能很难适用于智能合约以及建基之上的去中心化自治组织。具体而言，智能合约与去中心化组织消除了人类（或者法人机构）作为中间人的角色，完全自动化的交易处理过程意味着技术（即代码）本身成为行为主体，如何归责由此成为难题。解决的途径可能是将技术发明人或服务提供商作为追责对象，但其却不可避免的会伤害技术发展与产业应用的积极性。就此而言，更多的思想解放与更丰富的制度创新则是未来研究需要着力的重点。

三、数字证券组织层面治理：平台治理与去中心组织治理

数字证券在组织层面的治理主要针对围绕数字证券而形成的新型组织形式的治理问题，这一方面涵盖交易所等传统组织形式在数字证券的复制，也包括以 DAO 为代表的新组织形态的兴起。对于前者而言，核心的治理问题在于如何确保其行为的合法性和合规性，以纳入现有治理体系；对于后者而言，考虑其突破了传统组织的边界性、人为管理性，发展新的治理工具和治理规则势在必行。

（一）数字证券平台治理

从业态发展逻辑来讲，数字证券平台主要指发行、撮合数字证券的平台企业。在平台经济崛起的时代背景下，数字证券平台治理事实上是数字平台治理的细分领域，而围绕"数字证券"本身的法律定义的差异，数字证券平台治理可能被置于不同领域的监管框架之下。但即使如此，数字平台治理的一般性要求也同样适用于数字证券平台治理。考虑到本报告第四部分将更为聚焦的讨论数字证券的治理问题，本部分主要聚焦数字平台治理的一般性原则规范，而这也是讨论数字证券平台治理的前提和基础。

数字平台已经作为互联网时代的主导性力量深刻影响着政治、经济、社会等各个领域。伴随其在提升交易效率、扩大市场规模、推动技术创新

等方面的积极作用，数字平台也带来了诸多监管风险与挑战。以蚂蚁金服的反垄断调查为代表金融科技平台监管争议，事实上反映了数字平台权力扩展到一定程度之后的典型体现。本小节将首先对数字平台在当前引发的监管挑战做整体性概括，并对欧盟在数字平台监管方面的最新动态展开分析总结，最后对当前数字平台监管的治理创新路径和未来发展方向作出总结，以为数字证券平台治理提供思路参考。

1. 数字平台监管的问题与挑战

数字平台监管的传统问题主要集中在以内容托管、搜索引擎、社交媒体为代表的内容平台，以及以电子商务、应用商店为代表的产品交易平台。相应的监管议题集中于因内容提供者或产品生产者的违法行为而导致的诽谤、知识产权/版权侵害等问题，相关的监管理论则聚焦平台在此过程中所应承担的监管责任以及相应的监管路径。伴随着技术的进步与业态的创新，数字平台的覆盖范围进一步扩大，所应用的数字技术进一步自动化、智能化，由此引发了以下三方面的新挑战和新风险。

第一，服务型平台的兴起引发全新监管议题。伴随移动互联网的兴起，包括金融平台、交易平台、零工经济平台在内的服务型平台快速崛起，并引发了广泛涉及劳动保护、数据隐私、公共安全、金融风险等诸多监管议题。服务型平台的基本模式在于打破了传统服务业基于许可、准入的制度门槛，通过平台匹配交易信息进而使得更多主体具备参与市场活动的机会与能力。但值得注意的是，服务业准入门槛制度设立的合理性在于平衡不同利益群体进而实现社会公共价值。以传统金融业为例，准入制度在限定特殊人群参与交易的同时，也控制了金融风险，但金融科技平台地出现在极大释放市场需求的同时，却也导致了风险欺诈、庞氏骗局、恶性借贷等问题的频发。

第二，人工智能技术的应用引发关于"数字平台究竟是否对所传播内容产生影响"的争论。伴随着第三次人工智能浪潮的兴起，越来越多的数字平台开始利用机器学习算法推送相关内容或匹配相关交易，其技术实现原理并不依赖平台控制者的主观意愿表达，而是基于不同用户的历史数据汇集与特征抽取。在此背景下，数字平台虽然更多地干涉了所传播的内容、产品或服务（如精准匹配使得不同人看到的结果不一样），但却更少地体现了平台控制者的主观干涉意愿。但与此同时，基于智能推送的数字平台却正在成为重大风险聚集点。如果片面强化用户偏见与喜好，有可能使得整个社会陷入"信息茧房"的极端性，而处于垄断地位的数字平台也因此可能影响乃至控制社会认知和社会舆论的发展变化。由此，如何应对人工智能发展背景下的数字平台监管问题，将显得更为重要与迫切。

第三，去中心化平台的出现对现有监管体制的冲击。以区块链技术为代表，去中心化平台的出现使得监管者在治理风险出现时难以找到问责对象，对风险进行有效的监管和控制。具体而言，监管者可以责令社交媒体平台删除其上出现的诽谤内容，但对于去中心化平台而言，监管者却可能找不到合适主体来实现对于被诽谤者的救济；类似的，监管平台可以因用户信息泄漏而问责电商平台，但却同样找不到合适对象而问责去中心化平台因其软件漏洞而造成的用户信息丢失。尽管上述议题尚未成为事实上的监管挑战，但伴随区块链技术的快速发展及相关业态的不断成熟，与之相伴随的监管挑战仍然是需要面对并最好准备的重要方面。

2. 数字平台监管国际前沿动态：以欧盟为例

近年来，西方发达国家针对数字平台监管做出了广泛的探索与尝试，而其中最具代表性和最新的例子是欧盟于 2020 年 12 月 15 日推出的《数字服务法》（*Digital Service Act*，DSA）和《数字市场法》（*Digital Market Act*，DMA）。DSA 与 DMA 共同为欧盟数字平台监管提供了统一规则。两者各有侧重，DSA 强调数字平台在互联网内容治理方面的社会责任，而 DMA 则侧重于经济层面，以及大型数字平台在数字市场公平竞争方面的责任。具体而言，二者在推进数字平台监管方面的特征主要包括以下三个方面：

第一，强调并明确企业与平台的治理责任和义务。以前法规虽然同样强调企业与平台治理责任，但大都因缺乏具体内容而难以落实。DSA 和 DMA 在此方面做了完善。DSA 对不同类型（包括第三方中介服务平台、云服务和网络托管服务平台和在线平台）及不同规模的数字平台所需要遵循的责任和义务进行了细致的规定。其中，部分实质性义务仅适用于具有重大经济和社会影响的大型平台（即服务触达超过 10% 欧盟用户的平台）。DMA 则将焦点锁定于对欧盟市场具有重要影响的大型互联网平台。欧盟将这些平台定义为"守门人"（gatekeeper），并对其义务进行了详尽的规定，包括不能在平台上偏袒自己的服务、不得使用平台从其企业用户获得的数据与之竞争等。

第二，推进透明化的平台治理机制，重视建立多主体参与的监管网络。欧盟将监管范围延伸至过程环节，通过推行透明化机制以实现过程监管。欧盟要求在线数字平台采取广泛的透明化（transparency）措施，包括保证广告来源、数据访问以及推荐算法的透明度，同时要求平台提交和公布完整的透明度报告。与此同时，欧盟也规定了大型平台有义务对研究人员和监管机构公开其关键数据，以便于对平台的工作及风险进行评估。另外，在透明化机制的基础上，DMA 还强调平台应与"可信标记者"（trusted flaggers）合作，让用户标记网上的不合规内容，建立投诉和补救机制。基于上述机制，建立包括监管者、用户以及研究人员等多主体共同参与的监管网络。

第三，建立具有威慑力的平台惩罚机制。大型数字平台的庞大规模往往使得传统监管体系难以对其施加有效威慑，DSA 和 DMA 则对此作出了新的规定。在监管结构上，依托于新设立的欧洲数字服务委员会（European

Board for Digital Services），欧盟成员国在监管中扮演主要角色，同时欧盟委员会在加强对大型在线平台的执法和监督方面发挥作用。为保障新监管框架的有效性，欧盟对不遵守规定的平台设置了严厉的制裁措施。根据规定，针对大型平台，欧盟委员会（European Commission）将拥有直接监督权。对于违反 DSA 的平台，最高可对其处以全球营业额 6% 的罚款；而对于不遵守 DMA 的平台，欧盟将采取巨额罚款（最高 10% 公司全球营业额的罚款）、重组，乃至禁止其进入欧盟市场等具有威慑力的惩罚措施。

值得注意的是，上述三方面数字平台监管的最新动向并不仅仅体现于欧盟范围，其同时也正在被其他国家和地区所继承。例如，英国于 2020 年 12 月 15 日更新的《互联网有害内容白皮书》（*Online Harms White Papers*）建立了针对包括社交平台、网络论坛、搜索引擎、文件托管网站等广泛的领域的数字企业和平台的新监管框架，强调其在网络空间内容治理中的法律责任和义务，并计划设立强有力的独立监管机构来保障这一监管框架的执行。

3. 数字平台监管的治理创新

数字平台本身需承担一定监管义务和责任的共识已经初步形成，而更关键的问题还在于，应该如何通过监管政策的创新应对数字平台的监管挑战。基于已有理论和相关政策的分析，本小节从监管主体、监管机制、监管工具三个方面提出相应的政策创新路径，以为未来改革提供参考。

首先，在监管主体方面，数字平台监管应借鉴合作治理理论建设基于具体议题的多利益相关体监管网络。合作治理理论代表着从传统行政管理向公私伙伴关系和治理网络的转变。对于牵涉多方利益关系，需要跨区域、跨部门协调的综合性监管议题，合作治理强调不同主体围绕具体议题形成临时性监管网络，以更为灵活并能够激励各方主体积极性的方式提升监管绩效。数字平台监管在议题复杂性、主体多元性方面与此类似。举例而言，服务型平台牵涉服务提供者的劳动权益保护、服务消费者的基本权利保护，以及更大层面的公共利益考量等多个议题。单单依靠政府监管将削弱平台积极性，且缺乏对于平台运行基本信息的掌握使得政府没有能力干涉平台的具体运营；对于平台而言，其事实上也并不能准确掌握监管相关的所有信息，政府信息、用户监督同样并不可少。正因为此，不同治理主体围绕具体监管议题的相互依赖关系，在客观上要求形成合作式网络关系。以电子商务平台上的假冒伪劣产品监管为例，浙江省市场监督管理局（知识产权局）与阿里巴巴集团在 2017 年 3 月即签订了《产品质量共治合作备忘录》，在监管数据共享、消费者举报、违法行为惩戒、产品反溯机制创新等方面展开全面合作，已经形成了较为系统的合作治理经验，取得了较好效果。

其次，在监管机制方面，数字平台监管应借鉴回应性监管理论构建复合式监管模式。回应性监管理论最早由伊恩·埃尔斯和约翰·布雷思韦特所倡导，其基本观点是应构建一种超越政府或市场的复合式监管模式，包括以教育和劝解为基础的自我监管、以警告和强化执行为基础的自我监管，以及以外部调查、民事制裁甚至是刑事制裁等为手段的强制性监管。回应性治理理论的基本逻辑是以惩罚手段为威慑，依据被监管者在具体议题上的情况和动机而采取不同的监管机制。尽管前文反复强调，单方面依靠数字平台自我监管已经不能应对当前技术发展和业态创新的挑战，但这更多是批评基于责任豁免原则的自我监管，而非否定自我监管本身。事实上，考虑到数字平台的"瓶颈"地位，我们仍然不得不依赖激发并调动平台自我监管的积极性，而回应性治理理论就可以被视为自我监管的发展与延伸。建设复合式监管模式的关键是"可信惩罚威慑"的建构，即要以可信的方式向数字平台传递政府加强监管的决心与措施，这又具体包括确立明确的监管边界和监管红线、建设能够有效识别风险信息的外部监管机构、形成具有警示性而非象征性的多维度惩戒措施等。近年来围绕今日头条平台内容监管问题的讨论便展现了复合式监管模式的基本特征。2018 年 4 月中央网络安全和信息化委员会办公室强制今日头条 App 从各大应用商店下架 3 周，而广播电视总局也同期责令字节跳动公司旗下的"内涵段子"产品永久关停。这一强制监管措施可被视为对于平台的"可信惩罚威慑"，其反过来激励平台自身加强自规制监管措施。在此之后，今日头条提出了建设多方利益体治理委员会、加强算法伦理研究、实行算法动态调整等多方面治理措施，取得了一定的治理绩效。

最后，在监管工具方面，数字平台监管应借鉴敏捷性治理理论，重视基于大数据和算法的动态式、预判式监管。根据世界经济论坛白皮书的定义，敏捷性治理是指一种以顾客为中心、适应性和包容性的政策制定过程。一方面它意味着对治理风险的快速响应，规制方案和政策制定不追求完全信息下的绝对精确，而是更加强调试验性临时方案的制订以及实时监控和动态反馈与调整；另一方面，敏捷性治理还意味着政府对新技术形态下的社会监管不仅仅是回应性的，还应借助监管工具的创新实现提前预判式的风险监管。就数字平台监管而言，敏捷性治理理论的启示便是要重视利用大数据、人工智能等新技术形态，在既能及时发现、反馈、动态调整监管策略的同时，也能有预见性地发现可能存在的风险暴露点，并基于风险概率进行更加精准有效的监管。这一监管要求既体现于数字平台本身将相关技术应用于监管过程，也体现于政府部门应加强对于监管科技的研发与应用。特别是，政府监管部门应加强对于数字平台上的开放数据的收集与利用，在不给数字平台添加额外负担的基础上，政府部门同样可以利用数据"爬虫"、数据"清洗"等技术实时监控平台上的监管风险并反馈于最终监管决策的形成。四川省成都市食药监局抓取美团、饿了么等外卖平台用户评论公开数据，并利用人工智能技术分析其中包含的食品风险信息，然后再向平台提出精准监管要求，便是敏捷性治理的典型体现。

（二）数字证券 DAO 组织治理

新技术的出现可能导致组织形式的变化，而组织形式的变化往往也建立在技术变迁的基础上。例如，蒸汽机的发明推动了机器大工厂的形成，而柔性生产又是建立在更为灵活的生产和通信技术基础上。分布式账本和智能合约技术的特殊性在于，其不仅意味着传统组织可以利用该技术改变组织结构或流程，更意味着传统组织本身可能会发生变化乃至被替代，去中心化组织（DAO）即是其中的典型代表。

DAO 的价值需要被置于与传统组织形式相比较的框架下才能得以体现。在交易成本理论看来，由于不确定性（例如交易不可控因素）、资产专用性（例如交易需要长期投资）、交易重复性（如交易需要多次进行）、有限理性（如交易难以穷尽所有可能性）等因素的存在，通过自由订立合同的"市场"模式可能造成投机风险，因而需要形成具有固定组织结构的"公司"以降低交易成本；另外，"公司"内部的组织成本、事后道德风险等因素也同样可能增加交易成本，转而使得"市场"模式更具效率。围绕对此问题的分析，交易成本理论将"市场"和"公司"视为人类社会的两种基础组织模式。如果将此分析视角延升至数字证券领域，此时提出的新问题便是"为何有些交易发生在'分布式账本和智能合约技术'之上，而非'市场'或'公司'"？

分布式账本和智能合约技术带来的最大变化是对于特定环境下投机风险的抑制乃至消除。分布式账本技术的公开性、透明性，以及建立在加密技术基础上的共识机制和自动执行的智能合约，都将缓解乃至消除交易过程中的信息不对称现象以及与之相伴随的逆向选择和道德风险问题，从而可能提供比"公司"更具交易成本优势的组织形式。需要注意的是，建立在智能合约技术基础上的交易成本并非在任何环境下都优于"公司"，其更加适合"完全合同"下的交易行为。"完全合同"是指合同条件明确、能够用明确语言表述且相关方将严格遵守的合同类型;与此相对应的"不完全合同"则由于存在不确定性或不可预见性而往往在合同谈判、合同订立、合同执行等各个环节都将新增交易成本。由此,在"完全合同—不完全合同"的分析框架下,我们便可勾勒出"DAO"与"公司"这两种组织形态的分解线:在完全合同条件下,"DAO"将具有比"公司"更低的交易成本,其也因此成为替代"公司"的新的组织形态。事实上,在 DAO 组织环境下,也不再存在"信号机制"或"隐藏行为"的相关激励,这也进一步降低了交易成本。

如果考虑合同订立之后还存在合同监督和合同执行的成本,那么"DAO"相对于"公司"在完全合同环境下的成本优势可能更大。"公司"可被视为以集中化的组织管理模式来完成合同监督和合同执行,而"DAO"则通过"分布式"组织结构实现类似功能。对于小微交易而言,即使被纳入"公司"的组织范畴,但交易达成的收益往往不足以支撑集中管理模式下的合同监督和执行成本(二者往往体现为"公司"的建设和维系成本);相比之下,区块链所具有的分布式结构、共识机制、公开透明、自动执行等属性则大大降低了合同监督和执行成本,从而进一步挖掘了"长尾市场"价值、放大了"长尾效应"。

基于上述对于 DAO 和传统组织形式的对比分析,不难看出 DAO 组织治理的关键所在。换言之,DAO 降低交易成本和提升交易效率需要建立在完全合同的前提之下,但现实世界的复杂性仍然约束了这一前提的实现。一方面,相对于完全合同而言,不完全合同在现实生活中更为普遍,这便在客观上要求 DAO 的应用要牺牲掉一定程度的不确定性,以构成完全合同的应用前提。另一方面,即使在完全合同下,DAO 对于"长尾市场"的撬动仍然依赖于人类合同行为的数字化作为前提,因此人类行为的数字化转型程度同样可能限制 DAO 的普遍应用。考虑到上述因素的存在,当我们在数字证券领域积极宣传并推动 DAO 的组织优势时,我们同样应该注意到与之伴随的局限与约束。

四、数字证券的业态治理：全球规制与发展态势

（一）中国：强监管下的逐步扶持

作为区块链技术下的创新融资方式，首次代币发行（initial coin offerings，ICO）是基于加密货币发展而出现的产物，并曾经于2016年成为国内热度较高的融资模式。ICO是公司筹集资金的一种创新方式，为解决中小企业融资难的困境提供了一种新型的融资渠道，其融资模式表现为投资者通常以比特币或者以太币等加密货币作为对价，换取公司自己发行的通证（token）。[①]

根据国家互联网金融安全技术专家委员会发布的《2017上半年国内ICO发展情况报告》（以下简称《报告》）显示，ICO融资规模和用户参与程度均呈加速上升趋势，其中参与人次累计达10.5万。报告指出，ICO存在诸多潜在风险，包括项目失败或跑路导致的资金损失风险、价格剧烈波动引起的金融风险、借ICO进行的诈骗、非法集资等违法犯罪风险等。ICO融资所发行的通证在本质上具有证券属性，其发行本应收到法律的监管，但实践中ICO项目未经过监管机构审批即向公众发行募资，具有极高的投资风险，甚至不少项目涉嫌欺诈，使投资者权益难以得到保障。基于ICO项目的高风险以及欺诈存在的可能，中国人民银行等七部门于2017年9月4日发布了《关于防范代币发行融资风险的公告》（以下称"九四《公告》"），指出代币发行融资是指融资主体通过代币的违规发售、流通，向投资者筹集比特币、以太币等所谓"虚拟货币"，本质上是一种未经批准非

---

① Justin Jaffe, Initial coin offerings, explained: how can this possibly be a legittmate way to raise money.

法公开融资的行为,涉嫌非法发售代币票券、非法发行证券以及非法集资、金融诈骗、传销等违法犯罪活动。① 九四《公告》将 ICO 界定为未经批准非法公开融资的行为,属于违法行为,应当受到司法部门和地方政府的严厉管制,甚至刑事追诉。自此,各类代币发行融资活动在国内被即刻叫停。

九四《公告》发布之后,国内 ICO 项目被叫停,开始有不少项目转向海外,在新加坡等地发起 ICO 项目并向国内投资者融资。这种海外"内销"ICO 融资方式对国内投资者而言同样具有极高投资风险,且给监管部门造成了极大的监管障碍。为防范化解金融风险,保护投资者合法权益,金融监管部门持续发布相关的投资风险提示,警示投资者防范炒作区块链而进行非法集资、传销、诈骗的行为。2018 年 8 月 24 日,银保监会等五部门发布了《关于防范以"虚拟货币""区块链"名义进行非法集资的风险提示》,指出所谓"虚拟货币""虚拟资产""数字资产"等方式吸收资金,打着"金融创新""区块链"的旗号,实质是"借新还旧"的庞氏骗局,投资者应当理性看待,谨防风险。② 2018 年 9 月 18 日,央行上海总部也发布了《常抓不懈 持续防范 ICO 和虚拟货币交易风险》,严厉打击虚拟货币交易平台在境外注册并继续向境内用户提供虚拟货币的交易服务以及以 ICO、IFO、IEO 等花样翻新的名目发行代币,或打着共享经济的旗号以 IMO 方式进行虚拟货币炒作等非法金融活动。③ 其中,IMO 是指一些互联网公司通过挖矿计划,向贡献上行带宽和硬盘存储空间参与挖矿的用户提供工作量证明,即奖励通证/代币,④ 这一模式被认定为变相 ICO 融资行

① 《中国人民银行 中央网信办 工业和信息化部 工商总局 银监会 证监会 保监会关于防范代币发行融资风险的公告》,中国人民银行网站,2017 年 9 月 4 日。

② 《关于防范以"虚拟货币""区块链"名义进行非法集资的风险提示》,中国银行保险监督管理委员会网站,2019 年 7 月 25 日。

③ 《常抓不懈 持续防范 ICO 和虚拟货币交易风险》,中国人民银行网站,2018 年 9 月 18 日。

④ 邓建鹏、孙朋磊著:《区块链国际监管与合规应对》,机械工业出版社 2019 年版,第 128 页。

为，属于未经批准的违法公开融资行为。①

ICO除了在中国被叫停，国际上对ICO在监管层面上的打压也同样突出。迫于政策风险，ICO项目逐步向合法合规的方向推进，证券型通证发行（security token offering，STO）也越发受到加密社区的欢迎。STO作为由ICO演进而来的融资方式，尝试打造合法合规的通证发行模式，将证券型通证发行纳入证券法律规范体系内进行监管，推动通证的公平、公正、公开发行。尽管STO自产生就试图纳入监管之中，但目前还尚未在中国合法化，北京市互联网金融行业协会于2018年12月4日也发布了《关于防范以STO名义实施违法犯罪活动的风险提示》，指出STO涉嫌非法金融活动，应严格遵守国家法律和监管规定，应立即停止。②尽管该风险提示属于行业协会的善意提示，不具有法律意义上的强制力，但仍具有突出的监管导向，即STO本质上属于"代币发行融资"，在境内属于一种未经批准非法公开融资的行为。

自九四《公告》发布以来，禁止代币发行融资是国内监管的基本态势，中国人民银行以及其下的互联网金融协会持续多年提示虚拟货币炒作风险，除前文所提及的，中国互联网金融协会还先后于2019年12月13日、2020年4月2日发布了《关于防范以区块链名义进行ICO与"虚拟货币"交易活动的风险提示》《关于参与境外虚拟货币交易平台投机炒作的风险提示》。2021年5月，国务院金融稳定发展委员会也重申须严厉打击比特币挖矿和交易行为等证券违法行为与金融违法犯罪活动。③

---

① 2018年1月12日，中国互联网金融协会发布的《关于防范变相ICO活动的风险提示》指出，发行企业实际上是用代币/通证代替了对参与者所贡献服务的法币付款义务，本质上是一种融资行为，属于变相ICO。参见《关于防范变相ICO活动的风险提示》，中国互联网金融协会网站，2018年1月12日。

② 《关于防范以STO名义实施违法犯罪活动的风险提示》，北京市互联网金融行业协会网站，2018年12月1日。

③ 《刘鹤主持召开国务院金融稳定发展委员会第五十一次会议》，中国政府网，2021年4月8日。

目前，我国针对数字证券这一类具有高风险投资性质的项目采取坚持稳字当头的发展态度，强调金融系统要坚持大局意识。但随着区块链技术的不断发展，对于区块链的政策也会随之变化。2019 年 1 月 10 日，国家互联网信息办公室室务会议审议通过了《区块链信息服务管理规定》，并于同年 2 月 15 日开始施行。相比于九四《公告》，《区块链信息服务管理规定》倾向于促进区块链技术及相关服务的健康发展。2019 年 10 月 24 日，中共中央政治局就区块链技术发展现状和趋势进行第十八次集体学习，习近平总书记强调要把区块链作为核心技术自主创新的重要突破口，加快推动区块链技术和产业创新发展，要推动区块链和实体经济深度融合，解决中小企业贷款融资难、银行风控难、部门监管难等问题。随着中央层面对区块链技术以及产业发展的积极定调，我国 26 个省区市已在 2020 年将区块链写入政府工作报告，各级政府也相继出台了不少政策红利，例如，武汉市人民政府提出对入围全国区块链百强一次性奖励 200 万元、杭州市下城区设立 10 亿元区块链产业创投基金扶持区块链创新企业、深圳龙华支持区块链企业落户并最高奖励 300 万元等，济南市市中区委常也提出将充分运用区块链等金融科技手段来完善金融科技应用环境。

总体而言，我国针对区块链技术及产业发展持积极扶持与推动的态度，目前主要聚焦于公共设施以及民生应用领域，例如在最高人民法院指导下，基于区块链技术的司法链可以存证固证，并支持链上取证核验。通过区块链技术发行证券型通证实现融资这类具有高风险的活动尚未得到法律获准，但目前北京、上海、成都、广州、深圳等地已相继部署了金融科技创新监管试点，不可否认正在积极创造条件与推动的进程中。一方面，我国《证券法》上证券的范围还是较窄，尚未将数字证券这一也具有证券属性的产品纳入法律监管，因此在未经批准的前提下发行代币，均属于非法公开融资，涉嫌非法发售代币票券、非法发行证券以及非法集资、金融诈骗、传销等违法犯罪活动；另一方面，金融系统坚持大局意识，坚持稳字当头，不搞急转弯，各项工作需要稳步推进，待技术与监管成熟，推动合法合规的证券通证发行也将在国内成为可能。

（二）美国：豪威测试检验"投资合同"以纳入证券监管

作为全球金融市场最发达的国家，美国是发展区块链技术以及加密货币的主要国家之一，同时也是 ICO 融资的主阵地。美国目前尚没有出台具体法律规制数字证券，但监管部门已经开始积极开展监管活动，以规制数字证券发行交易中的信息不对称与欺诈行为。近年来，美国对数字证券的监管逐步推进并不断升级，其主要监管机构包括美国证券交易委员会（United States Securities and Exchange Commission，SEC）与商品期货交易委员会（Commodity Futures Trading Commission，CFTC），两者结合相当于中国证监会。自 2017 年开始，以美国 SEC 为典型的监管机构开始对加密货币以及 ICO 加强监管，将证券型通证纳入证券监管范畴之中。

2017 年 7 月 25 日，美国 SEC 投资者教育和宣传办公室发布了一份关于 ICO 的投资者公告，提示投资者 ICO 的潜在风险。该公告指出，加密货币的发行必须要在证券交易委员会登记或依据豁免登记进行，投资者在投资 ICO 之前，应当询问询问代币是否属于证券，并确认是否在美国 SEC 登记该交易；尽管很多 ICO 被称为众筹契约，但也有可能并不符合众筹或联邦证券法的要求；欺诈者经常利用创新和新技术为名实施欺诈性投资计划，通过兜售所谓的 ICO 投资"机会"吸引投资者进入该前沿领域，并许诺以高回报；对于所谓"保证"的高投资回报、销售者没有执照、对投资者没有净值或收入要求等情况的，投资者应当高度警惕。①

2017 年 12 月 11 日，时任美国 SEC 主席杰伊·伊莱顿（Jay Clayton）

---

① Investor Bulletin：Initial Coin Offerings.

发布公开声明，指出无论 ICO 是否属于证券发行行为，其均为企业家融资，尤其是创新项目融资提供了有效的方式。但包括发行证券在内的任何发行行为，都必须有证券法所要求的披露义务、程序性要求及其他投资者保护的内容配套存在。应用区块链技术的去中心化记账法代替传统的中心化收支总账的记账法，这一变化仅改变了交易的形式，但未改变交易的本质。行为结构的变化，并不改变该类行为法律监管体系的基础观点，任何证券发行行为必须遵守相关的法律。①

2018 年 1 月，美国 SEC 和 CFTC 联合发布声明，将对虚拟货币采取措施，并打击虚拟货币领域的违法行为。美国 SEC 也在监管执法中逐渐对问题 ICO 施压，并叫停了多起本应属于证券监管范畴而未注册即发行通证的 ICO 项目。2018 年 11 月，美国 SEC 与两家 ICO 企业 Airfox 和 Paragon 达成和解，要求两家企业将其 ICO 代币注册改为证券并退还投资者资金，并向 SEC 提交至少一年的定期报告，同时支付 25 万美元的罚款。同年 11 月 16 日，美国 SEC 发布了《关于数字资产证券发行与交易的声明》，界定了数字资产证券相关交易所、经纪人、经销商标准和规则，明确数字资产证券的发售（包括 ICO）、销售、交易等须遵循证券交易法，数字资产证券交易平台（交易所）须在 SEC 注册或免于注册，相关"经纪人"或"交易商"也需要向委员会注册成为自律组织的成员。②

近年来，美国监管部门多次重申对数字证券应纳入证券监管的监管态度，并基于监管执法实践，不断为企业发行通证/代币是否应纳入证券监管而确定可行的标准。2019 年 4 月 3 日，美国 SEC 发布的《数字资产"投资合同"的框架分析》指出，数字货币的发行将通过豪威测试来判定是否属于证券发行。③ 影响豪威测试判断通证/代币发行是否能够成一种"投资合

---

① Statement on Cryptocurrencies andInitial Coin Offerings.
② Statement on Digital Asset Securities Issuance and Trading.
③ Statement on "Framework for 'Investment Contract' Analysis of Digital Assets".

同"的特征要求有三个要素：投资资金、共同事业、从他人努力中获得利润的合理预期，其中"从他人努力中获得利润的合理预期"又涵盖两个独立的要素：依赖他人的努力以及合理预期收益。以 DAO 组织为例，DAO 组织中投资者可以共同参与组织的运营，其符合投资资金、共同事业以及合理期待收益等测试标准，是否存在"依赖他人努力获取利润"则成为认定 DAO 是否为证券的关键。根据 DAO 组织白皮书显示，除了持有 DAO 币持有者会共同参与组织运营，还存在拥有相当大权力的管理员这一身份，管理员在组织中同样履行职责，对投资者获取利润必不可少，因此，美国 SEC 根据调查认定 DAO 具有证券属性。①

美国 SEC 等监管机构持续倾向于将具有证券属性的加密货币纳入证券监管之中，面临监管压力的 ICO 也在逐渐向合法合规的 STO 过渡，项目发行人必须向 SEC 注册该证券或根据注册要求的豁免注册该证券。从 2020 年 12 月起，美国对数字证券进一步出台相关监管举措，其中包括金融犯罪执法网络司（Financial Crimes Enforcement Network，FinCEN）拟对加密货币交易提供商增加 KYC 等新数据收集要求的一项提议。根据该项提议，银行和货币服务企业将被要求提交报告、保存记录并验证客户身份，其中非金融机构托管的私人数字钱包也被囊括在内，因此目前争议较大。同时，据区块链媒体"币桌"（coindesk）报道，共和党众议院议员帕特里克·麦克亨利（Patrick McHenry）和民主党众议院议员斯蒂芬·林奇（Stephen Lynch）于 2021 年 3 月曾提出一项法案，提议由 SEC 和 CFTC 成立工作组，评估美国现有数字资产的法律法规框架，并将尝试制定法案以明确其数字资产法规。2021 年 5 月，美国 SEC 表示已敦促国会立法，给予 SEC 对数字证券更多的监管权。若最终法案推出，将直接填补美国当前规制数字证券方面的监管空白。

值得一提的是，美国是联邦制国家，其州立法独立于联邦政府的立法，

① SEC：Report of Investigation Pursuant to Section 21（a）of the Securities Exchange Act of 1934：The DAO.

美国各州会针对数字证券发行、交易采取不同监管政策与监管态度，各个州之间也会存在较为明显的差异。例如，纽约州于 2015 年 8 月率先提出针对加密市场的全面监管框架数字货币许可证（BitLicense）。作为加密行业最具影响力的牌照，BitLicense 包括关键的消费者保护、反洗钱合规性以及网络安全指南。根据《纽约金融服务法》规定，涉及处理涉及虚拟货币业务的公司必需按规定申请执照。怀俄明州也是对加密货币较为友好的地区，已通过包括 HB70《开放区块链代币豁免》法案在内的十余部法案，并成为美国第一个可向加密银行颁发许可的州。美国大多数州或多或少都对加密货币以及数字证券采取监管措施，但也存在诸如第安纳州、爱荷华洲、得克萨斯州对虚拟货币以及数字证券持消极态度。①

总结来看，与我国的列举式定义证券范围不同，美国采取以豪威测试来检验项目是否构成投资合同，进而属于证券范畴。因此，中美两国针对数字证券的规制逻辑也迥然不同：因数字证券未被中国《证券法》纳入证券范畴，因此凡是未经批准发行通证的行为将被视为金融违法活动；美国认定证券则采取实质标准，因此具有证券属性的通证发行必须向 SEC 注册或根据注册要求的豁免注册。目前，尽管在积极推进之中，美国还没有出台具体规制数字证券的法律，但监管机构倾向于将加密货币以及数字证券通过豪威测试来认定为证券，进而要接受美国证券法的监管。

（三）日本：虚拟货币立法的先行者

受"门头沟"（Mt. Gox）比特币交易所破产的影响，日本一度收紧了对加密货币的监管，直到 2016 年初才重新开展加密货币与区块链技术的推

---

① Brookings："Blockchain and US State Governments：An Initial Assessment"，转引自杨昂然、黄乐军著：《区块链与通证：重新定义未来商业生态》，机械工业出版社 2018 年版，第 183 ~ 184 页。

进。2016 年 5 月 25 日，日本国会通过了《资金结算法》修正案，并已于
2017 年 4 月 1 日正式实施。修正案新增了"虚拟货币"一章，要求虚拟货
币交易所持有牌照经营，表明日本正式接纳虚拟货币作为合法的支付工具，
并纳入了法律规制的体系内，使日本成为全球为数不多的专门为数字货币
交易所设置合规牌照的国家。为配合《资金结算法》修正案的实施，日本
政府还先后制定并公布了《资金结算法施行令》《虚拟货币交换业者内阁
府令》等配套规定，同时，规制虚拟货币亦不排除适用《金融商品交易
法》《银行法》等其他部门法。《资金结算法》修正案对虚拟货币的界定以
及虚拟货币交易机构的规制作出了详细的规定，但对于虚拟货币的发行行
为即 ICO 并没有明文规定。不过，日本金融厅曾于 2017 年 10 月 27 日发表
声明，警告 ICO 可能构成受《金融工具与交易法》条款约束的证券发行。

　　日本允许虚拟货币的合法交易，离不开严格的监管体系。《资金结算
法》修正案规定了虚拟货币交易所的强制登记注册的义务，截至目前，日
本金融厅已向通过登记注册的 30 余家加密企业发放了牌照，包括 bitFlyer、
Coincheck、Coinbase 等。同时，日本金融厅还会在官网公布未经注册而从
事加密资产交易业务的公司名单，如币安、Bybit 等公司近期收到了警告。①

　　《资金结算法》修正案并未对 ICO 出台具体的监管规则，原因在于修
正案的监管重心在于防止虚拟货币被用于洗钱、逃避外汇管制、恐怖主义
融资等不法活动以及维护交易安全。2020 年 5 月 1 日，日本《金融工具交
易法》修正案正式实施，对数字证券的规制具体的规定。同期，在加密资
产交易和管理、保证金交易等方面进行规定的《资金清算法》修正案也正
式开始实施。日本在《金融工具和交易法》明确了 STO 的相关监管机制，
明确了加密资产相关衍生品业务应由《金融工具与交易法》监管。《金融
工具与交易法》修正案将加密资产纳入"金融工具"范畴中，因此提供或
作为中介提供加密资产相关衍生工具等衍生品业务必须依照《金融工具与

---

① 详细情况可见日本金融厅官网。

交易法》的规定进行注册。此外，通过区块链可转让的合伙企业的投资权益等，被视为有价证券，因此涉及证券型通证的经纪/经销商业务活动也将构成 1 类金融工具业务（除非这些通证不可转让的）而受到严格的监管，同时经营证券型通证交易市场将被视为从事证券交易市场的运作，需要严格的许可证和操作要求。2021 年 3 月，日本三井住友银行与证券型通证平台 Securitize 合作推出了首个资产支持证券型通证，这也是在日本市场推出的第一个符合《金融工具和交易法》的证券型通证。①

日本是虚拟货币立法与实践的先行者，率先探索了对加密货币以及数字证券的规制，推动虚拟货币与数字证券的合规化。合规的背后必不可少的是严格的监管措施，日本通过修正《资金结算法》《金融工具与交易法》等法律，为从事虚拟货币与数字证券业务设定了强制登记注册的义务，进而为虚拟货币与数字证券业务的开展铺设出一条合规化的道路。

（四）新加坡：亚洲数字证券的聚集地

新加坡是对区块链技术与加密货币市场持友好包容态度的国家，一直以来不断鼓励并推动金融科技创新，因此深受加密企业的青睐。新加坡对待加密市场持开放包容的态度，离不开国内完善的监管体系。新加坡金融监管局（Monetary Authority of Singapore，MAS）是新加坡金融监管机构，早在 2014 年，MAS 就在《MAS 规范虚拟货币中介机构关于洗钱和恐怖融资风险的声明》中表示，虚拟货币交易的匿名性会使得其容易受到洗钱、恐怖融资活动风险的影响，因此 MAS 将要求虚拟货币中介机构在买卖或者提供服务时验证客户身份，将可疑交易报告给可疑交易报告办公室（STRO）。就防范洗钱、恐怖融资活动而监管中介机构这一方面而言，新加坡对加密

---

① Brian Quarmby：《日本三井住友银行推出日本首个 "a-1" 评级证券型通证》，Cointelegraph 中文网，2021 年 3 月 31 日。

市场的监管具有超前意识。

新加坡允许在境内开设并运营加密货币交易所，但所提供的产品属于新加坡《证券和期货法案》（SFA）所规定的资本市场产品（capital market products）① 时，必须获得相应牌照和批准。2017 年 11 月，MAS 发布了《数字通证发行指引》，明确资本市场法律框架仅仅适用于构成资本市场产品的数字通证。因此，与美国倾向于将各类通证/代币均纳入证券监管不同，新加坡仅就对证券型数字通证进行《证券和期货法案》下的监管，加密企业可以自由发行"效用型数字通证"，只要遵循反洗钱等一系列普适性要求即可。当加密企业发行的数字通证属于资本市场产品时，将直接适用现有的新加坡资本市场法律，其中包括提供一份正式的发行说明书（如有豁免情形，可免于提供发行说明书）。当然，若发行或交易的通证属于资本市场产品时，发行方需要事先获得资本市场服务牌照，交易平台也需要获得受认证的资本市场运作者牌照。同时，《数字通证发行指引》第 5 条也规定了，从事金融科技创新的公司可以申请监管沙箱测试。②

2019 年 1 月，《支付服务法案》（PS Act）通过新加坡国会审议，并已于 2020 年 1 月 28 日正式生效。PS Act 设定了"指定制度"和"牌照制度"这两条并行的监管框架。③ 指定制度是指局 MAS 可指定某一大型支付系统，以确保金融系统的稳定性和市场效率；牌照制度则是为规范电子支付服务（e-money issuance service）以及支付型通证相关服务（digital payment token service）业务在内的七种支付服务业务而设置的许可制度，共设有三类牌照：货币兑换牌照、标准支付机构牌照和大型支付机构牌照。其中，货币

---

① 典型的"资本市场产品"包括证券（securities）、集合性投资计划（CIS）以及债券（debenture）等。

② A Guide to Digital Token Offerings，at https：//www. mas. gov. sg/regulation/guide-lines/a-guide-to-digital-token-offerings.

③ PAYMENT SERVICES ACT 2019，at https：//sso. agc. gov. sg/Acts-Supp/2-2019/Published/20190220？DocDate＝20190220.

兑换牌照所涉及业务的风险也较低，而大型支付机构牌照所涉业务的金额更大、风险更高，因此审批和监管也会更加严格。目前，新加坡尚未向加密公司颁发牌照，但部分加密公司暂时获得豁免权，包括 Paxos、Coinbase、Genesis 等知名企业。2020 年 2 月，资本市场区块链平台 iSTOX 获得 MAS 公开上市运营许可，可提供证券化通证的发行、结算、托管和二级交易等服务。同年 10 月，MAS 正式批准 BondEvalue 为市场运营商，为机构投资者提供基于区块链的债券交易服务。

新加坡支持金融科技创新的同时，也打造了较为完善、科学的配套监管体系，与美国拟将任何加密货币均纳入证券监管的趋势不同，新加坡仅监管具有证券性质的通证发行与交易，这体现了新加坡包容开放的精神。另外，新加坡的监管政策以鼓励创新为主，其监管沙箱制度使金融机构和金融科技参与者能够在真实环境、以较为宽松的监管要求来试验创新的金融产品或服务，这也让新加坡逐渐成为亚洲数字证券发行与交易的聚集地。

（五）英国：证券型通证适用传统证券规则

英国金融市场行为监管局（Financial Conduct Authority，FCA）是英国主要的金融监管机构，承担对加密市场的监管职责。

2018 年 4 月 6 日，FCA 在官网发布声明，表示加密货币不受 FCA 监管的前提是它们不属于其他受管制的产品或服务，但加密货币衍生品能够成为《金融工具市场指令》（MIFID II）下的金融工具，因此从事加密货币衍生品业务的公司必须接受 FCA 的监管。对于涉及加密货币或通过 ICO 发行的通证衍生品的交易、安排交易、提供咨询等服务，需要 FCA 的授权，包括加密货币期货、加密货币 CFDs 合约以及加密货币期权。①

---

① FCA statement on the requirement for firms offering cryptocurrency derivatives to be authorised，https：//www.fca.org.uk/news/statements/cryptocurrency-derivatives.

2019 年 1 月 23 日，FCA 发布了《加密资产指南》咨询文件，文件将数字资产分为三种：一是交换型通证（exchange tokens）；二是效用型通证（utility tokens）；三是证券型通证（security tokens），不同的加密资产将实行不同监管政策。① 其中，比特币等交易型通证不属于特定投资，故这类通证的买卖不属于 FCA 的监管范围；效用型通证通常也不受 FCA 的监管；而证券型通证的定义符合英国 2000 年《金融服务与市场法》中受监管活动的定义，因此属于特定投资。证券型通证具有证券的属性，因此将适用所有传统证券所涉及的规则，也就是说，从事证券型通证业务的公司必须要向 FCA 申请许可。

尽管《加密资产指南》中以交换型通证、效用型通证不具有证券属性而不纳入 FCA 监管，但为了防范洗钱和恐怖融资风险，FCA 于 2020 年 1 月获得监管权力得要求加密资产企业必须遵守《洗钱条例》（MLR）并向 FCA 注册。截至 2021 年 8 月，已有五家加密货币公司完成注册，分别是 Ziglu，Archax，Digivault，Gemini，Fibermode。

为了反洗钱与反恐怖融资风险，英国逐渐将各类加密资产都纳入 FCA 监管之中，但对交换型通证、效用型通证等不具有证券属性的加密资产的监管目的仅出于反洗钱和反恐怖主义融资，而只有符合《金融服务与市场法》，以及《金融工具市场指令》中金融工具定义的证券型通证才会接受 FCA 更加严格的监管，并完全适用传统证券法律规则。

（六）中国香港地区：监管态度谨慎而开放

中国香港地区对区块链技术保持开放、积极的态度，一直以来，香港地区积极探索区块链技术应用，具有加密货币投资天堂之称，是 FTX、Bit-MEX 等知名加密货币交易所的实际总部所在地。中国香港地区监管数字证

---

① Guidance on Cryptoassets.

券的主要监管机构是香港证监会（Securities and Futures Commission，SFC），其主要针对证券型通证进行监管。此外，中国香港金融管理局（Hong Kong Monetary Authority，HKMA）也承担相应的金融政策及银行、货币管理职责。

2017 年 9 月 5 日，香港 SFC 发布了《有关首次代币发行的声明》，声明旨在阐明，个别 ICO 项目所发售或销售的数字通证可能属于《证券及期货条例》所界定的"证券"，应受到香港证券法例的监管。从事相关活动的人士或机构，须获证监会发牌或向证监会注册；凡 ICO 涉及向香港地区公众提出购买"证券"或参与集体投资计划的要约，除非获得豁免，否则须根据法例获得注册或认可。[①] 2017 年 12 月，香港 SFC 在《致持牌法团及注册机构的通函：有关比特币期货合约及与加密货币相关的投资产品》中再次重申，向投资者提供比特币期货合约交易服务及相关服务的中介人需要向 SFC 申领牌照并受到监管。

2018 年 11 月 1 日，香港 SFC 发布了《有关针对虚拟资产投资组合的管理公司、基金分销商及交易平台营运者的监管框架的声明》，规定了管理完全投资于不构成"证券"或"期货合约"的虚拟资产的基金并在中国香港地区分销该等基金的公司，以及在中国香港地区分销（完全或部分）投资于虚拟资产的基金的公司，须领有第 1 类受规管活动（证券交易）的牌照；管理"证券"或"期货合约"的投资组合的公司，须申领第 9 类受规管活动（提供资产管理）的牌照。关于对平台营运者的监管路径，在初步探索阶段，证监会将不会向交易所发牌，反而会与交易所讨论应达到的监管标准，并就这些标准观察其真实运作情况；SFC 会考虑其建议的监管规定在处理风险及提供适当的投资者保障方面的成效，并基于平台在沙盒的表现，严谨地考虑其实际上是否适宜受证监会规管；如证监会向合资格平

---

① 《有关首次代币发行的声明》，香港证券及期货事务监察委员会网站，2017 年 9 月 5 日。

台营运者批给牌照，将进入沙盒的下一阶段，意味着营运者须更频繁地作出汇报、受到监察和受到审查，以便它们能借着证监会的密切监督，并且经过至少12个月后，交易所才可向SFC申请移除或修改部分发牌条件及退出沙盒。①

2019年3月28日，香港SFC在《有关证券型通证发行的声明》进一步明确，证券型通证可能属于《证券及期货条例》所界定的证券，除非获得适用的豁免，否则须根据《证券及期货条例》就第1类受规管活动（证券交易）获发牌或注册。② 2019年10月，香港SFC先后发布《适用于管理投资于虚拟资产的投资组合的持牌法团的标准条款及条件》，对虚拟资产基金管理公司提出了公司资质、风险管理、合规审计、打击洗钱和反恐等具体要求。11月，SFC又发布《监管虚拟资产交易平台立场书》，公布了具体发牌条款和条件。2020年12月15日，中国香港证监会向首个加密资产交易平台OSL发牌，该平台只为专业投资者提供服务，并须受适用于证券经纪商及自动化交易场所的标准相若的特设规定所约束。

2020年底，中国香港财经事务及库务局在立法咨询文件中提议《打击洗钱及恐怖分子资金筹集条例》对所有加密资产交易平台全面实行强制发牌制度。根据中国香港财务局于2021年5月21日发布的立法咨询总结文件显示，大部分回应者支持制定该发牌制度。目前该条例尚在修订阶段。

中国香港对于数字证券持开放的态度，但同样具有一套完整的监管体系，中国香港地区会结合监管沙盒向加密企业发牌，降低了数字证券投资市场的风险，强化投资者保障。目前，中国香港地区主要对证券型通证进行监管，对其他类型的加密资产也拟实施监管，实施强制发牌制度，但尚

---

① 《有关针对虚拟资产投资组合的管理公司、基金分销商及交易平台营运者的监管框架的声明》，香港证券及期货事务监察委员会网站，2018年11月1日。

② 《有关证券型通证发行的声明》，香港证券及期货事务监察委员会网站，2019年3月28日。

未正式实施。

（七）韩国：从"野蛮生长"到严格控制

韩国曾是加密货币市场非常活跃的国家，2017 年，高达 10% 的韩国国民都在参与加密货币投资。随着加密货币在韩国市场的快速发展，韩国监管机构也不断在强化对加密货币交易平台的监管。

2017 年 9 月，在韩国加密市场如火如荼发展之际，韩国金融服务委员会（FSC）表示以证券发行形式的 ICO 违反《资本市场法》，将禁止所有形式的 ICO 行为，以防范层出不穷的金融欺诈风险。[1] 但是业内担心，政府全面禁止 ICO 可能会割除行业发展的苗头。因此，在全面禁止 ICO 近八个月后，韩国国会正式提出议案，希望允许在韩国国内进行 ICO。2018 年 5 月，由 300 名议员组成的国家立法机构正式提出议案，允许在制定了相关投资者保护条款的情况下开展 ICO 活动。此后，韩国国民会议也多次就解除 ICO 禁令进行了探讨，但是截至目前，韩国 ICO 禁令仍未解除。不过，据韩国时报于 2021 年上半年的报道，韩国有望在近期解除对 ICO 的禁令，允许一定条件下的通证销售。

韩国要求本国境内禁止一切形式的 ICO，但韩国并不禁止普通公民进行加密货币交易。韩国对加密货币市场具有一套非常严格的监管体系，并在不断升级监管力度和收紧政策。2021 年 3 月 25 日，韩国《报告与使用特定金融交易信息法》（以下简称《特金法》）修订案正式实施，修正案要求所有从事虚拟资产交换，存储和管理的企业向韩国金融情报局报告其业务，并给予交易所六个月的宽限期。《特金法》修正案对加密货币交易所提出了史无前例的严格监管，修正案要求交易所实名制，迫使韩国加密货币交易

---

① "한국도 가상화폐 ICO 전면 금지"…암호화폐 싹 자를라，https：//news. joins. com/article/21983687（마지막 방문은 2021 년7 월 31 일이었다）.

所与银行合作，并面临半年的宽限期来进行整顿以达到合规，因此，众多加密企业不得不面临关停的问题。例如，Darlbit 通知于 7 月 15 日停业，CPDAX 将从 9 月 1 日起关闭服务。

韩国政府针对韩国加密货币市场的监管规则越来越明确，也越来越严格，一改原来"野蛮生长"的局面。

（八）泰国：从禁止到积极推进的巨大转变

2013 年 8 月，泰国央行宣布比特币非法，禁止境内的比特币流通，成为全球首个禁止比特币交易的国家。自 2017 年起，泰国政府开始转变对加密货币的监管态度，并开始尝试通过开放宽松的政策鼓励国内的金融科技创新，甚至支持企业通过 ICO 进行融资。

2018 年 5 月 13 日，泰国证券交易委员会（SEC）正式发布《数字资产皇家法令》，并于次日生效。法令将数字资产分为加密货币（cryptocurrency）和数字通证（digital token），其中加密货币如同普通货币般用于交换商品与服务或作为交换媒介，而数字通证是指权利人基于项目或业务进行投资和换取的商品、服务或其他任何权益。此外，数字资产业务可分为三类：数字资产交易所、数字资产经纪商以及数字资产销售商，在开展数字资产业务时，经批准的经营人应遵守泰国 SEC 通知中规定的规则、条件和程序。例如，拥有涵盖业务运作和其他几种风险的充足资金来源；拥有可靠的操作系统和数据安全系统；保存属于个别客户的资产记录；将客户资产与自己资产独立，以及了解客户（KYC）和客户尽职调查（CDD）。① 总体而言，数字资产业务几乎完全适用传统证券法的规定。

2018 年 6 月，泰国 SEC 又发布了有关加密货币和 ICO 监管框架的细则，以及数字资产交易监管细节，包括对 ICO 门户网站、数字通证发行的

---

① Summary of the Royal Decree on the Digital Asset Businesses B. E. 2561.

许可等，另外还批准了比特币、以太坊、Bitcoin Cash、Ethereum Classic、莱特币、瑞波币以及恒星币 7 种加密货币上线交易所。截至目前，泰国 SEC 已经向 Upbit、Huobi、BITKUB 等 8 家公司发放了数字资产交易所牌照，向 Upbit 等 6 家公司发放了数字资产经销商牌照，向 Longroot 等 4 家公司发放了 ICO 门户牌照。①

泰国允许加密货币的发行与交易，与 2013 年禁止加密货币流通交易的态度相比发生了巨大转变，但仍保持着相对严格的监管态度与举措，泰国监管机构多次重申只有获得相关法律许可的发行人才能提供与数字资产交易、托管等与数字资产交易相关的服务，发行人也必须按照《数字资产皇家法令》进行信息披露。2021 年 7 月，泰国 SEC 以币安通过其网站"匹配订单或安排交易对手，或提供系统或促进达成协议"，提供了未被许可的加密交易服务为由，宣布对币安启动刑事诉讼程序并调查涉嫌无照经营数字资产业务。此外，泰国 SEC 曾于 2021 年 5 月宣布与 DeFi 有关的任何活动也将需要获得金融监管机构的许可。

（九）小结

针对数字证券，国际实践已经形成了明显的监管导向，尽管政策上有宽松与严厉之分，但未来会将数字证券的发行与交易逐步纳入监管合规体系内是毋庸置疑的。目前，针对不同国家和地区对待数字证券的态度，大致可以分为三种类型：

（1）以中国为代表，禁止国内加密货币交易以及 ICO 发行。就中国而言，中国是全球第一大人口大国，面对巨大的市场需要，难免存在非法活动或者投机炒作，为了避免金融风险，现阶段维护安全稳定是第一位的，

---

① Richard Lee、布兰：《一文读懂全球加密市场监管具体政策及演变趋势》，链捕手，2021 年 8 月 5 日。

因为稳定是发展的前提。中国也正积极探索和发展区块链技术，数字证券也在规划之中，只是目前条件尚未充分具备。

（2）以美国、日本、中国香港地区等为代表，允许数字证券的发行，但具有相对严厉的监管措施，对相关活动实行牌照化管理。美国倾向于将所有加密货币都纳入证券监管，其中，纽约州已经开始实施牌照制度，要求涉及虚拟货币业务的公司必须申请执照；我国香港则结合监管沙箱对发放牌照的条件与流程作出了系统安排。

（3）以英国、新加坡、瑞士等国家为代表，对加密市场监管持宽松、包容的态度。英国、新加坡主要针对证券型通证进行监管，而支付型通证与效用型通证等不具有证券属性的加密货币的流通不受证券法监管，瑞士则将证券型通证与效用型通证都视为证券，需要接受瑞士证券法的监管，而支付型通证只需要接受反洗钱的监管。

参考文献：

［1］邓建鹏、孙朋磊著：《区块链国际监管与合规应对》，机械工业出版社 2019 年版。

［2］贾开：《区块链的三重变革研究：技术、组织与制度》，载《中国行政管理》2020 年第 1 期。

［3］李敏：《融资领域区块链数字资产属性争议及监管：美国经验与启示》，载《现代法学》2020 年第 2 期。

［4］杨昂然、黄乐军著：《区块链与通证：重新定义未来商业生态》，机械工业出版社 2018 年版。

［5］Bitzer J. "Commercial versus open source software: the role of product heterogeneity in competition", *Economic systems*, 2004（4）.

［6］David R. Booth. *Peer Participation and Software*: *What Mozilla has to Teach Government*. Cambridge: The MIT Press. 2010.

［7］ Josh Lerner, Jean Tirole, "Some Simple Economics of Open Source", *The Journal of Industrial Economics*, 2002（2）.

［8］ Richard M. Stallman. *Free Software, Free Society: Selected Essays of Richard M. Stallman*, 2nd Edn. 2010. Boston: Free Software Foundation, Inc.

［9］ Wasko M. M., Faraj S. "Why should I share? Examinations social capital and knowledge contribution in electronic networks of practice". *Management Information Systems Research Center*, 2005（1）.

案例一 基于"以货易货"贸易的特别提货权凭证及基于凭证的资产证券化项目

一、项目背景

本项目建设单位为杭州喜玛拉云技术有限公司和探针集团。杭州喜玛拉云技术有限公司由中组部千人专家文武教授发起成立。文武教授于2011年在硅谷联合创立 eCurrency，设计了全球首个央行数字货币（CBDC）系统，并于2017年出任国际电信联盟数字货币焦点组主席，2018年文武教授联合人民银行现钞货币专家陈宝山先生合著《法定数字货币》，在探索符合数字货币规律的发行流通机制与政策工具体系方面填补了空白。特别提货权是文武教授的最新研究成果。

探针集团创办于2016年，是中国最早创设的区块链技术服务公司和全

---

* 本部分由强宏教授执笔完成。强宏，北京大学客座教授、深圳市金融商会产业战略顾问、商务部中国国际经济合作学会原副秘书长。

球领先的可持续数字贸易基础设施提供者，截至目前已为 20 个行业和场景提供了详尽的解决方案，并为 100 余家企业提供了低成本数字证券投融资服务，是这一领域全球服务体系最健全、服务用户最多、生态模式最为健全的企业集团。

特别提货权是建立在易货贸易基础上的。全球贸易发展至今，以少数主权国家为贸易结算货币对全球贸易的发展已经越来越有副作用。"特里芬难题"对发行贸易结算货币的国家或地区是一个长期伴随的烦恼，对于有货物却没有他国货币作为外汇储备的国家或地区而言，自身被排斥在全球贸易体系之外。

在这种背景下，我们思考新的解决方案。货币的本质是解决货物交易的媒介，如果从词根来看，它是"货"和"币"在不同经济活动中的一个权重分配，货与币其实是阴阳的两面。

如果一种交易媒介，以全球贸易中的货物作为锚定物，那么它将解决信用货币的问题。货与币的分离是因为在相当长时间中，没有技术手段能够将币与货挂钩起来，信用货币的发行采用估算的方式。这也是目前以货易货贸易未能大规模铺开的原因。

从技术角度来看，货与币的重新结合已经开始成熟。人类正在进入数字世界，一方面，物理世界的货物通过物联网设备、数字凭证以及大数据综合验证可以确认和跟踪；另一方面，货币也在数字化，央行 CBDC 已经在 80 多个主权国家开展研究，中国的 DC/EP 已经试点使用。最早的货币，就是货物，随着技术的进步，货与币有望再度统一。参考特别提款权，我们将这一统一货与币的新型交易手段称为"特别提货权"。

特别提货权本质是由一揽子货物形成的数字资产，基于该数字资产可以更容易实现资产证券化，从而方便企业通过数字证券融资发展。证券持有人也可以穿透式查看到证券锚定的权益。

二、项目分析

（一）"以货易货"贸易背景

本项目围绕着中非以货易货贸易展开。

先秦古籍《易经》记载："日中为市，致天下之民，聚天下之货，交易而足，各得其所。"[①] 这描述了中国早期以货易货的场景。自货币出现后，以货易货逐渐退出了历史舞台。但需求却一直存在，小范围、零星的以货易货也一直发生。自20世纪中叶开始，随着关贸总协定向世界贸易组织和全球经济一体化的演变以及信息高速公路的四通八达和现代信息技术的普及，现代易货呈现出复杂多样的局面，众多的易货专业公司和行业协会如雨后春笋般的出现。

全球500强企业80%已设立易货贸易专部。国际互换贸易协会IRTA预测：2020年后5年内，易货公司客户数目将翻一番，平均年增长率可达到15%。初步统计至2019年末，全球易货贸易总量已经达到大约4.2万亿美元[②]。

中非易货贸易有着比较好的发展条件。

首先，中非贸易快速增长。除了2020年受到新冠肺炎疫情影响有所下滑，中非贸易的增速超过中国和其他洲。随着生产的恢复，2021年1～9月，中非经贸合作各项指标呈现全面上升态势。中非贸易额1852亿美元，同比增长38.2%，达历史同期最高；中国对非全行业直接投资25.9亿美元，已超过疫情前2019年的同期水平。2009年以来，中国连续12年成为

---

① 《易经·系辞》，郑州：中州古籍出版社，2016.
② 邹平座，《全球易货贸易制度演进与发展范式研究》，载《经济》2020年第5期，第52～54页。

非洲最大贸易伙伴①。

其次，中非贸易具有很强的互补性。非洲对中国的出口偏重于资源，如矿产品及其他产品，而中国向非洲的出口则涵盖很多领域和产业，如建筑、运输、电信及其他基础设施建设。

最后，非洲国家普遍外汇储备有限。超过百亿美元的只有 7 个国家，大多国家只有数十亿美元的外汇储备。

虽然中非以货易货贸易有强大的市场需求，然而业务却没有很好地展开。原因是：

（1）交易范围较小，往往出现企业提供的产品或服务易不出去，自己所需的产品易不进来；

（2）无信用保证体系，容易导致企业被骗；

（3）无统一的全球结算体系，没有统一的结算工具和结算标准，长时间形不成交易；

（4）无统一的交易规则，企业无法在公平公正的条件下实现交易；

（5）无统一的管理机构，发生纠纷无法调解；

（6）无专业的大家认可的易货经纪代理商；

（7）无统一的交易平台，易货信息交流不畅，成交与否无法监管；

（8）无统一的中间费用结算办法，包括物流、保险、仓储、报关等；

（9）非洲国家信息化水平参差不齐，信息系统打通难。

（二）特别提货权诞生的背景

为解决以货易货存在的难题，基于第一代信息技术，以美国为代表的 1979 年国际互换贸易协会（International Reciprocal Trade Association，IRTA），

---

① 《国新办举行中非合作论坛第八届部长级会议经贸工作发布会》，国新网，2021 年 11 月 17 日。

组建了会员模式。

IRTA 是会员制，他有一个组织、系统管理、交易记录、交易服务并提供经纪人服务。

IRTA 的会员企业必须严格遵守行业道德标准，保证企业在进行交易和易货时挣得或支付交易元符合高标准的行业经营规则，从而保证交易系统的能力和可持续性。希望参加现代交易和易货的企业可以成为 IRTA 会员的客户，当他们在系统内向其他客户销售自己的产品或服务时，他们就可以在自己的账户中赚取交易元，这样他就可以利用自己账户的易货信用从其他成员那里购买所需要的产品或服务。

IRTA 这样的组织部分解决了易货贸易的一些难点，包括统一的交易规则、会员信用体系、经纪代理机制、纠纷解决等。

然而，对于中非企业而言，广泛加入 IRTA 这样西方国家的易货组织并不现实。一方面有严格的审核机制，信息化程度不足以及历史信用积累不足的中非企业并不容易通过审核；另一方面，中非贸易与对美贸易存在竞争关系，IRTA 这样的组织核心是为美国服务的。

当下时代背景又发生了巨大变化。自 2008 年金融危机，美元作为信用货币而已经被质疑，反映在经济层面，美元无论是作为储备货币还是贸易结算货币，占比都出现下降，美元的量化宽松又造成了美元的贬值风险，全球对易货贸易有了新的需求；而技术上，新一代数字技术发展起来，包括了人工智能、大数据、区块链、5G、云计算、物联网等。

在符合跨境贸易国内国际法律法规及惯例的前提下，通过物联网，人工智能，区块链和信息安全等金融科技手段，将数字化的商业合同，物流单据，银行信用证等，与真实的生产，物流，交易，通关等取证数据相结合，形成可以实时溯源，确权，可注册登记，交易交割一种凭证，这种凭证直接对应着货权。

究竟哪种货权凭证可以作为结算货币？可以参考国际货币基金组织创

设的特别提款权。特别提款权（Special Drawing Right，SDR），亦称"纸黄金"（paper gold），最早发行于1969年，是国际货币基金组织根据成员国认缴的份额分配的，可用于偿还国际货币基金组织债务、弥补会员国政府之间国际收支逆差的一种账面资产。其价值由美元、欧元、人民币、日元和英镑组成的"一篮子"储备货币决定。

特别提货权也可以采用类似的办法，用中非跨境贸易中最"硬"、需求最刚性的一揽子货权凭证加权得出，如大宗商品、大宗机械制造产品。

特别提货权充当了一般等价物的作用，贸易多方可以用特别提货权进行贸易结算。这样双方交易就可以直接进行结算，不需要第三、第四方的参与。

而贸易对象也可以将自己的货物换成特别提货权，大幅降低参与者的门槛。

综合来说，在以货易货贸易的基础上，运用新一代信息技术如区块链，将货物数字化，形成数字资产，通过特别提货权计算模型，形成特别提货权，它类似一种信用证，可以直接提货，也可以充当易货贸易的一般等价物。

三、特别提货权及证券化的实现方案

特别提货权要锚定真实物权，因此对全贸易流程的货物数据认证、上链是保障特别提货权价值的基础。

（一）跨境贸易的货物上链

整个易货贸易流程较长，以单向贸易为例（见图1）。

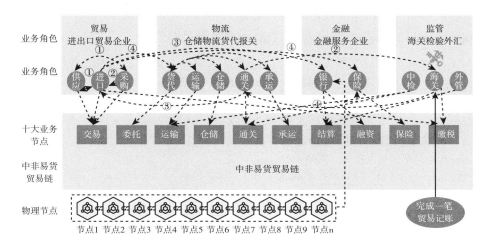

图1　中非易货贸易链

资料来源：探针集团与杭州喜玛拉云技术有限公司"中非以货易货"贸易平台方案。

参与贸易的各方首先都需要数字身份（CA），参与贸易的各方贸易主体包括进口商、出口商两大主体，延伸还包括供应商和货物实际购买方；物流相关主体包括国际货运代理（货代）、运输（海运、陆运、空运）、仓储、理货、报关等；监管主体包括海关、检验、外汇管理局、人民银行等；金融服务主体包括银行、保理、保险等；以及平台系统的运营方。

基于链上的数字凭证、签名，平台需要构建一套完善的智能合约组件，包括易货标准化协议组件、理赔合约、保险合约、信贷合约等。

以上工作准备好，以具体的贸易为例。供应商和采购商达成贸易合约后，货物委托货代运输，进入到发货地仓库，就形成了货物仓单凭证，中检集团进行检验确认货物真实性，形成数字签章。每一个环节，都需要货物保管人进行货物签章的签字，确保货物流转的真实性，直至最终交付给采购商。

而上述凭证全部保存在区块链上，数字签名也会触发相应的智能合约。如果货物加上物联网等设备监控，那么对货物真实性的确认将会更为有利。

在保障货物真实性后，就可以根据货物发行特别提货权凭证。以下是特别提货权凭证的发行和货物交易的简易流程。

前提条件是，甲乙双方在中非易货贸易平台注册，并获得了相关的数字身份，双方上传需要易货的商品并看上了对方的商品，双方在平台签署了易货贸易协议，协议的核心内容上链，交易约定用智能合约处理。假设双方货品价值等值。那么进行如下的步骤（见图2）。

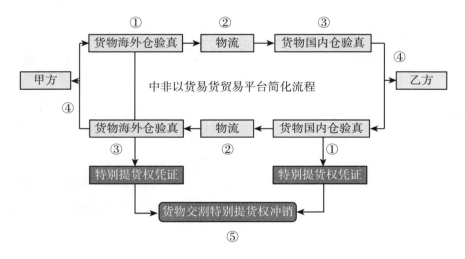

图2 中非以货易货贸易平台简化流程

资料来源：探针集团与杭州喜玛拉云技术有限公司"中非以货易货"贸易平台方案。

（1）甲乙双方分别将货品存入本地发货仓库，中国检验集团等检验机构进行货物的验真，仓库负责人在区块链电子凭证签字。系统将给甲乙双方发特别提货权凭证，此时的货权已经转移给了发行特别提货权的机构，但在流程范围内，发行机构不具有处置货物的权利，超出流程范围，比如违约等，才有处置货物的权利，而甲乙双方获得的特别提货权凭证式锁定状态，不可用；

（2）货物进入交付流程，经过物流运输。整个物流流程都通过货物凭证上链；

（3）货物到岸入仓，进行进口检验；

（4）货物交付给甲乙双方；

（5）货物交付同时，甲乙双方持有的特别期货权凭证进行冲销，用特别提货权凭证换取货物的物权。如果甲乙双方易货交易货值相等，那么货物和特别提货权凭证就完全冲销，没有余额；如果甲乙双方易货货值不相等，那么甲方若有特别提货权的资产盈余，乙方就是特别提货权的资产负债，但乙方有货值的盈余。

（二）特别提货权证券化

特别提货权本质是一揽子货物在数字世界的映射，甚至可以锚定某一批同类型的货物，在特别提货权上，可以开发出一系列证券化的产品。

一是期货。因为特别提货权锚定的货物价格可能会存在变动，那么特别提货权和法币的兑换价格就会发生变化，从实用价值出发，对特别提货权的套期保值，是贸易商需要的。

二是信贷。持有特别提货权的持有人，为了实现流动性的需要，可以用特别提货权抵押借贷。

另外，还会围绕特别提货权衍生出一系列金融衍生品。比如指数期货、远期合约、掉期合约等。

但值得注意的是，相比传统证券市场，因为特别提货权原本就在链上发行，对其证券化是通过一系列智能合约完成的。

四、总　结

本项目涉及面繁多、流程复杂、影响力巨大，正在从一个小的切入点做起。我们选取湖南对非洲的易货贸易作为切入。《中国（湖南）自由贸易试验区总体方案》明确，湖南建设中非经贸深度合作先行区。

湖南对非洲出口方面，以工程机械、输变电设备为代表的产业兴起，成为湖南对非洲出口的主力。

工程机械领域，非洲矿产资源丰富、地表储量巨大，湖南公司生产的钻、挖、运、选成套设备在非洲受到欢迎。输变电领域，湖南厂商近年来连续从非洲获得大额订单，产品发往安哥拉、坦桑尼亚、乍得、喀麦隆、刚果、赞比亚、布隆迪等国家，在有效缓解当地电力紧张局面的同时，有力支持了学校、医院、工厂等民生工程稳步推进。

非洲对湖南出口方面，除能源矿产品外，以农产品居多。

非洲部分矿种在全球极占优势，其中铂族占全球储量的91%，铀矿占72%，金刚石（钻石）占47%，金矿占18%[①]。

非洲大多是农业社会，农产品也是非洲主要出口商品，如可可豆、咖啡、芝麻、棉花、茶叶、蜂蜜、柑橘等。还有湖南比较喜欢的辣椒。

基于非洲与湖南的贸易特点，中非以货易货平台的切入点，可以选取湖南工程机械＋电气设备兑换非洲的矿产＋农产品。

特别提货权从中选取"硬通货"属性的货品进行锚定。

从贸易本身而言，特别提货权提供了以货易货贸易最难解决的物品信任问题，而从长远来看，特别提货权采用人民币计价，对人民币国际化起到支持作用。而中国作为全球进出口最大的国家，特别提货权绕开 SWIFT 和美元作为贸易的清结算货币，更加强化了中国的产业优势。

---

① Africa Finance，《一文了解非洲铁矿资源分布》，腾讯网，2021 年 8 月 30 日。

案例二 "开元通链"共富生态建设

深圳市智策科技有限公司，成立于 2016 年，由资深金融人士与海归技术专家共同发起组建的国家高新技术企业。智策科技深耕区块链、人工智能和金融科技等尖端科技，以推动区块链赋能实体经济为企业宗旨。在深圳、中国香港、迪拜、硅谷、布里斯班、温哥华和新加坡等国家和地区拥有运营中心与研发基地。

公司针对政府和机构，输出区块链相关的优质产品服务和一体化解决方案；针对中小企业和个人，提供区块链普惠技术服务。历经 5 年发展，建立了现今专业化、标准化、智能化的全国区块链行业标杆性技术服务团队，现有员工 146 人、海内外顾问 23 人，连续获得"深圳创新企业 100 强"、深圳双创赛"最具投资价值团队 Top5"、清华大学—临港科创"基于区块链技术开发的国际贸易支付研究课题组""深圳市新经济发展研究院分院"等多项政府和社会荣誉。

一、"开元通链"架构锚定：一大中心，两大循环，三大生态

（一）一大中心：围绕"共建开元通链共富命运共同体"为中心

运用前沿的区块链技术应用和实践"消费资本理论"，打造去中心化共享经济，构建可信的价值互联网，实现生产资料的确权，逐渐优化并最终瓦解垄断经济，使人类社会的文明从资本主义商业文明，回归迈向社会主义商业文明的坦途。

（二）两大循环：通证经济去库存改善供给侧循环，消费资本促进商业生态可持续内循环

（1）通过"开元通链"帮助政府和企业解决"去库存"的难题；同时提供开放更便捷、更通畅、更合理的解决企业生产资料的供给渠道。

（2）提振内需、促进消费，助力国家需求侧改革和经济"内循环"。

（3）打造"消费养老"体系，让老年人享有"类股东"的持续收益和有尊严的老年生活。

（4）打破互联网平台对客户与商家的过度剥削，实现财富合理再分配，减轻贫富悬殊并规避经济危机。

（5）推动社会经济从"按资分配"的垄断经济转型为"按劳分配"的共享经济，从而由健康消费刺激有序生产，助力内需可持续消费、生产、消费循环生态。

（三）三大生态：技术生态、商业生态、资本生态

1. 技术生态

开元通链是新的基于区块链的具有图灵完备性、高效共识机制、支持更多应用场景的智能合约、（底层为）基于密码学的开源技术协议和去中心化应用开发平台，在链上可以实现管理商业和金融类型应用的状态，并同时允许多个应用共享一个可行的去中心化应用。与比特币、以太坊等相比，开元通链建立了一种新的密码学技术基础框架，在其上开发应用更加容易，对客户端更加友好，并具有更强的可扩展性，更高的经济效率，更快的交易处理速度、更稳妥的全节点运行机制、更强大的安全防护保障、更合理的交易费用和更可靠的回馈利益的通证价值来源。以上这些创新且优秀的

技术指标，将促使开元通链能真正地实践于去中心化应用（dApp）、去中心化金融（DeFi）、非同质化通证（NFT）、分布式存储、供应链金融、区块链鉴权这些领域。从长远来看，它所带来的改变将影响全球经济和纯资本经济的控制结构。

开元通链被设计为完全可编程的，因此它具有图灵完备性、价值知晓（value-awareness）、区块链知晓（blockchain-awareness）和状态转换逻辑能力，并且能够帮助用户低成本地使用区块链，这是非常关键的要求。像大多数网络和软件平台一样，开元通链核心的外围是一个有合作者、技术交互扩展应用和辅助服务组成的丰富的生态系统，使得区块链的核心得以增强。从功能角度而言，我们可以将开元通链技术开发领域的生态系统拆分成三块：

（1）核心协议技术：点对点共识、虚拟机、合约、密钥、区块链、软件语言和开发环境、货币（燃料）、技术整合和中间件服务（middleware services）。

（2）应用：客户端软件（Mist 或者 AlethZero）、挖矿、监控服务（monitoring services）、去中心化应用和其他第三方应用。

（3）辅助服务：主要通过维基、论坛、开元公链学院、网站、赏金激励、未来的开发者会议实现的教育、研究、学习和支持。

2. 商业生态

开元通链的去中心化特别适合于"基础层"服务，例如，身份系统、信誉系统、通信、社交网络、市场，使得它们无须依赖特定的信任中介就能够运行。这些基础层服务是每个上层服务所必需的。开元通链的交易账本也可以用于安全地执行多种服务，包括：投票系统、域名注册、进入交易、公司管理、自我执行的合约、知识产权、智能财产和分布式自治组织等。

开元通链初期将实现超过 100 个第三方项目、产品、技术扩展和基于开元通链的成熟商业领域。这些应用包括：预测市场、去中心化交易所、众筹、物联网、投票和管理、博彩、信誉系统、社交网络、聊天消息系统、保险、医疗保健、艺术、交通工具共享、分布式自治组织、交易（金融工具或者商品）、会计、社区、电子商务、物理安全、文件存储、所有权登记、内容、小微交易、社区管理、云计算、汇款、智能合约管理、智能资产、钱包、食品、制造业、数据存储、供应链等多维度要素。

所有这些生态系统的组成部分促成了开元通链进入去中心化商业和金融领域。如果说比特币向我们展现了货币的未来，以太坊实践了去中心化软件应用的可行性，而开元通链将向我们展示了一个去中心化而又有序的商业和金融世界的未来。

3. 资本生态

资本生态层面，核心要解决的是开元通链在市场应用和资本扩张两个维度的效率及合规性。

从市场应用来看，面对中国管理层在数字证券领域的明确和严苛管理，开元通链市场应用遵循的是"内循环消费升级"的逻辑，以新消费、新业态为出发点，致力于用消费者和商家最通俗易懂的"积分返利"方式，构建可以迅速凝聚消费力的系统。然后，关键是应用开元通链的底层技术模型，以公平而"看不见的手"加以模块化和流转，从而形成大范围可持续的"用户资本"形态，辐射各类资产的 ABS 转化。

从资本扩张来看，开元通链的设计天然具备"去中心化"的功能，在自身资本扩张的过程中，可以最优的表现为"通证性"，为自身资本扩张开辟了一个总量有限、升值无限的权益空间，因此，相比于传统的资本股权方式，开元通链最好地诠释了数字资产盘子的特性，这种数字资产，具有原始的稀缺性、市场的牵引性、价值的倍增性、便捷的流转性等要素功能。

目前，开元通链的 A 轮创新资本扩张设计，已经开始吸引国际性资本的积极关注和加入。

二、"开元通链"共富生态愿景和宗旨

打造企（业）、商（贸）、消（费者）共富通链合作平台；共享开元通链共富生态红利，共建开元通链共富命运共同体。开元通链的宗旨是建立一个"共建共识、共管共治、公平透明、共享共富的消费生态"；从技术手段保障商业、金融生态健康，公正迈进人类社会的共建共富、逐步共富，全民共富的新时代。

开元通链、共富生态平台本质：是建立一个"共建共享、共富共管、公平透明消费生态"；从技术手段保障商业、资本生态健康、公正迈进人类社会的共建共富、逐步共富，全民共富、全面富裕。

开元通链商业的本质：就是通过技术手段实现在商业链上达到社会商业活动的"公信、公平""人人参与、人人尽力、人人享有"的共享共富的商业生态。

开元通链商业平台结构："三层生态"——区块链底层技术升级兼容生态、应用技术共享开元生态、共富共享信用商业生态。

1. 核心原理

（1）商业原理：社会经济的发展本质是消费推动起到了决定性因素，因此"消费"是最重要的经济"马车"，消费行为不应受剥削，商家赚取利润的同时也理应回馈顾客等价的收益权，这才是健康稳健的循环消费经济；

（2）技术原理：将商业规则写入不可篡改的通链，并通过通链而非商业机构，以公正、透明、不可篡改的方式来自觉执行其商业法则。

2. 商业特点

我们用一个公式大致理解开元打造的商业特点：开元通链 = 去中心化商业（DeCom）= 共富商业 + 效率商业 + 信用商业。

（1）共富商业：打造强大的"去中心化共富商业平台"，由区块链充当大公无私的老板，从零开始不断增发平台股票（通证）奖励所有商业生态贡献者，并将全部利润派发给这些持股者，最终实现所有参与者人人获利，并非传统平台机构老板少数人获利。

（2）效率商业：开元通链上打造的智能合约与链上资产具备跨平台流转和点对点交易的属性，从而形成网状商业，摆脱中心化平台的束缚，对比传统的星型商业大大提升了效率和公平性。

（3）信用商业：通过引入基于区块链的可追溯性系统、区块链鉴权、分布式存储协议等，可以在链上以安全和不可篡改的方式记录有关商业信息，具备可追溯和鉴真的能力，先前为了商业信任所支出的成本将大大减少，解决和杜绝商业欺诈，减少不必要的商业诉讼。

三、"开元通链"共富生态项目应用与案例

（一）DeFi 的应用与案例之"供应链金融平台"

在开元通链上打造的 DeFi（去中心化金融）产品，将帮助世界上的任何人都可以获得在区块链上提供的金融服务，这可以消除中介，降低用户的准入门槛，DeFi 实现了用户不需要得到任何许可，也不需要在任何地方开户（全球仍有大约 17 亿人没有银行账户），就可以获得必要的金融服务，包括借贷、储蓄和购买复杂的金融产品。参与者在开元通链上，可以通过

在 DeFi 的范畴创建 NFT（非同质化代币），实现资产上链为数字资产，从而提高商业效率。开元通链的 DeFi 应用将着重于包括借贷、现货交易、衍生品交易、稳定币、资产管理、预测市场和创建合成资产等板块。

开元通链的未来将打造一个供应链金融操作系统，将真实资产（如票据、银行抵押品、购货单等资产凭证）在平台上表示为 NFT 代币。在获得一定价值表现后，通过 DeFi 合约超额抵押各类 NFT 资产铸造开元通链的子链代币——抵押价值代币，再锁定该代币从各类去中心化借贷协议中借出加密资产（如开元通链上流通的支付通证），从而将实物资产纳入加密世界中。

目前开元通链的商业团队已分别在部分有资金缺口的传统行业和领域展开了一系列试点和商业模型测试，包括和某物流平台合作研究对货运票据通过供应链金融操作系统实现代币化处理，让本来会被延期 45 天的承运人在不到一分钟的时间里，有可能以不到 1% 的借入利率预支收入；与房地产协会共同研究发起一定金额的房地产抵押贷款；以及和某知识付费平台合作，实现提前向其知识内容供应商预支了一年的买断收入，以获得独家的版权和播放权。这些都是开元公链 DeFi 在实体经济上的商业尝试，此举将打通区块链技术与真实的商业世界，通过引入现实资产实现 DeFi 借贷等手段，为商业资本的流转提供了更好的流动性，大大增强了商业的效率和可信度。

（二）生态案例之——"文物与艺术品及其 IP 交易平台"

运用开元通链的底层技术架构，开元项目团队拟将为国家级科研课题"文物与艺术品及其 IP 交易平台"（以下简称"交易平台"）提供技术解决方案。该交易平台的课题指导单位为国家文物局，由中国文物交流中心和深圳时代新经济发展研究院主导，旨在建立一个专业的"文物与艺术品及其 IP 交易平台"对接全国各博物馆等官方机构，对现有可进行数字化的文物进行资产数字化形式重塑，创新性地解决文物与艺术品的确权、溯源、IP 数字化问题，以期实现文物艺术品的 IP 交易和文物与艺术品的 NFT 数字化流通，打造文物与艺术品及其延伸产业的"文创＋金融"商业体系。

团队将运用区块链等多种创新技术手段结合的方式打造文物及艺术品资产数字化平台，重点开展以下四方面的工作：对接文物保护单位或文物管理机构，确认可数字化资产；文物进行环境监测、三维扫描等所需的数字化数据进行收集制作；上传文物数据到指定区块链，并生成 NFT，实现文物影像等数据上链的永不灭失；记录时间戳及合约地址，并由官方认证为具有唯一版权的该文物专属 NFT。

依托开元通链的网络平台，交易平台能够有效链接开元通链其他生态，打造产业联盟，享受新型商业体系所带来的红利。交易平台力求在文化产业树立起数字化标杆的同时，其也将成为开元通链在文化艺术领域的一个重要的落地方向，为通链的生态繁荣助力。

目前，开元通链技术研发已经全部完成，并得到了国家信息中心专家首肯，局部测试已经开展，拟向深圳市政府金融管理监督部门申请备案"监管沙盒"审批备案，预计 2022 年将全面展开先行先试。

案例三　德银保理基于区块链的 ABS 业务

一、项目背景

上海德银商业保理有限公司（以下简称"德银保理"）直接隶属于德银天下股份优先公司，是陕西汽车控股集团有限公司（以下简称"陕汽"）旗下的金融类业务平台，以商用车产业链为依托，以整车厂为核心向供应链上下游延伸，利用核心企业优质的资信水平为供应商、分销商提供应收账款融资、销售分户账管理、信用风险管理、催收等综合金融服务。

德银保理目前业务主要服务于陕汽重卡产业链，提升上游供应商和下游分销商应收账款管理水平、专享保理融资政策。随着业务的发展。其次，随着业务的发展，也延伸到了下游的后市场保理业务，如 ETC 等展业。

2021 年，德银保理探索基于区块链的保理业务，并探索保理资产的证券化（asset-backed securities，ABS）的发展。

二、项目分析

（一）业务分析

近年来随着商用车的发展，以商用车整车企业为核心，辐射众多中小企业的供应链金融发展快速，德银保理正是在这样的背景下发展壮大。

德银保理之前的业务模式是依托整车厂商提供的业务线索进行展业，主要依托人工开展工作。第一，业务人员登门拜访，了解客户的经营信息、企业性质、商业信用等；第二，和客户沟通，了解融资需求；第三，收取客户资料，财务报表，和整机厂商的合同，交给风控部门审核；第四，和整机厂商财务部门核实是否属实，发票是否真实；第五，双方签署保理合同等法律文书，进行放款。

之所以要进行如此复杂的人工工作，因为非核心企业的信息不够透明，材料真实性的确认成本很高，因此供应链金融难以大规模开展。拆解来看，有如下难点：

一是应收账款确权困难。核心企业的确权工作难度较大，操作手续烦琐，保理公司需要花费大量的人力、物力来证明核心企业确权的真实性和有效性（核心企业配合还好办，核心企业如果不配合工作难度非常大）。即使完成确权，保理机构还必须在中登网等第三方权威中介机构登记，防范债权人多头融资的风险，成本高且存在较大的操作风险和道德风险。

二是质物管理困难。实践中，保理机构通常会委托第三方仓储企业对质物进行保管，共同参与质押融资业务的贷中及贷后管理，业务流程复杂且存在操作风险；同时，保理公司和仓储企业对货物的鉴别能力有限，合理确定质物价值存在困难，容易产生坏账风险。

三是可融资主体范围窄。保理公司主要依赖核心企业的控货和销售能力，由于其他环节的信息不够透明，保理公司出于风控考虑往往仅愿意对上游一级供应商提供应收账款保理业务，或对其下游一级经销商提供预付款或存货融资。这导致了二、三级等供应商和经销商的巨大融资需求无法得到满足。

四是融资工具流转较难。交易过程中，采用商业承兑汇票作为融资工具，使用场景受限且转让难度较大。

对于德银保理而言，以自有资金进行保理业务，业务发展较慢，而将保理资产进行资产证券化即 ABS，有助于提高资金使用效率，快速扩大业务量。

（二）解决思路

应用区块链技术，充分发挥去中心化/多中心化、不可篡改、高安全性和智能合约的技术特征，可有效解决供应链金融中的难题。

一是可将实体企业基于真实交易产生的各类资产以"上链"的形式转化为数字资产，重新定义为创新型金融工具。通过区块链技术的应用，基于供应链核心企业与上下游企业基础交易产生的各类资产就能够转换成区块链金融工具，依托核心企业的自身信用或银行信用，这些区块链金融工具可在商圈内封闭流转，打通产业链上下游，降低产业链融资成本，解决中小企业融资难、融资贵的问题。

二是可实现去中心化/多中心化的份额化权属登记。基于区块链去中心化/多中心化的共识机制，可实现对区块链数字资产份额化登记，并将交易合同、交易证明等的影像件经交易相关方电子签名后在区块链上进行存证，方便各交易方查验，消除信息不对称，降低了欺诈、虚假交易及重复融资的风险，打通数据信任"最后一公里"。

三是可实现业务规则的智能化管理与自动履约。通过智能合约技术，可将供应链业务各项规则添加到区块链资产中，实现业务规则智能化自动履行，有效防止人为干预，提升操作效率，降低操作风险与成本。

四是可提升企业资产交易的安全性，保护企业信息隐私。区块链技术解决了产业链商圈各个交易参与方的信息平权，同时通过多级签名机制，锁定了交易链条上的相关记录，并在每个分布式记账节点上都记录了数据和信息，保证交易可追溯，防止信息被篡改，从而真正保证区块链资产交易的安全性。

同时，区块链与ABS在诸多方面有着天然契合性，区块链的时序、不可篡改、弱中心化、公开透明、智能合约等优点，可有效解决ABS中存在的环节多、流程复杂、底层资产透明度差等问题。

三、解决方案

根据德银保理的业务，分三步实现保理资产的 ABS。

（一）基于区块链的应收账款保理业务

基于区块链的应收账款保理业务目前是供应链金融中应用较多的业务类型。区块链保理融资解决方案是从业务、平台、数据资源及云基础设施的端到端方案，实现电子信用票据的开立、拆分转让、融资管理和兑付结算等业务数据的可信共享和监管溯源（见图1）。

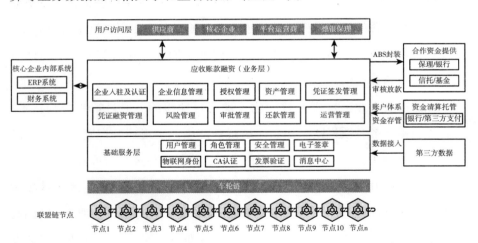

图1　基于区块链的应收账款保理业务模块

资料来源：探针集团与德银股份基于区块链的供应链解决方案。

其原理是基于核心企业多方签名验证的应收账款票证相当于信用证，这一电子凭证可以分拆流转，并且通过智能合约，实现银行对核心企业的授信或企业账户授权进行资金的兑付。

供应商（支持多级供应商）持有应收账款凭证期间在线进行融资申请、签约、收款操作，从而能够解决融资难题。

这一系统建设分为六个模块：

（1）联盟链节点。本联盟链节点来自两方面，一方面是来自区块链技术服务商探针集团主导的探针链节点组，这一节点组来自全球；另一方面来自联盟合作企业提供的服务器，采用 PBFT 共识算法。意味着不能超过 1/3 节点作恶，因此来自联盟企业的节点控制在 1/3 以内，2/3 来自探针链全球节点，从而保证数据的安全有效，不会因为联盟成员联合而篡改。这也是本联盟链和其他联盟链不同之处。

（2）车轮链服务。车轮链基于探针集团主导开发的探针链的技术优化改进。探针链从一开始设计就是为了满足数字证券的发展而研发。除了更高的性能，能够支撑快速的交易和区块确认速度。并且其账户体系要比以太坊等公链丰富，适合多角色的金融服务。除此之外，探针链还有资产挂失找回的功能，确保即便私钥丢失，也不造成资产损失。

（3）基础服务层。基础服务是连接区块链系统和其他业务系统的基础。包括用户的管理、审核、数字身份的录入，电子签章的管理、发票的验证等。业务数据经过基础服务层上链，链上数据也经过基础服务层被业务部门使用。

（4）业务层，也就是应收账款融资的业务开展。业务层是一套信息系统，保障业务流程的展开，会调用链上数据进行业务的展业。

（5）最后是用户访问的入口，包括 App、H5 和 Web 端。供应商和核心企业等通过这些前端访问进行电子签章的实现，推动流程的运转，保理机构通过前端，进行融资的推动。

（6）本系统还要对接包括核心企业的内部系统，以及资金清算托管机构等。

该平台采用"区块链 + 供应链金融"的模式,可办理应收款的签发、承兑、保兑、支付、转让、质押、兑付等业务,将应收账款转化为电子支付结算和融资工具,盘活了原本流动性较差的应收款资产,为供应链核心企业及其成员单位、上下游企业拓展了创新型融资渠道,构建了供应链金融生态。

对于德银保理而言,可以提升工作效率,团结更多企业和德银保理开展业务合作。

(二) 基于区块链的仓单保理融资业务

应收账款融资是一种债权融资,偏重于对核心企业上游的厂商;此外,对核心企业下游的厂商,可以采用仓单物权融资。

"工欲善其事,必先利其器。"本项目还为整个供应链开发了基于区块链的供应链系统,便于对供应链进行跟踪。从而为仓单或者订单这类物权融资做提供可信凭证。

具体流程如图 2 所示。

(1)买方向卖方发出采购要约;

(2)系统内,触发链上智能合约的销售订单创建;

(3)卖方数字签名,签署合约,形成销售订单;

(4)物流企业将卖方产品运至 TDC 仓库交货(也可以是 RDC 仓库),仓库在订单中数字签字,确保了货品入库;

(5)物流承运商从 TDC 仓库提货并派送,提货时在订单数字签章;

(6)买方收到货在订单签字确认;

(7)买方签字确认后,卖方生成应收款发票;

(8)买方生成应付款发票;

(9)买方支付货款。

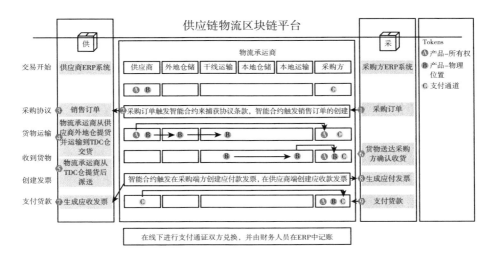

图 2 供应链物流区块链平台

资料来源：探针集团与德银股份基于区块链的供应链解决方案。

整个重要数据跑在链上，交易合同以智能合约的形式，能够自动触发交易的各个步骤。最重要的是，订单进入仓库的时候，形成了电子仓单。货主可以通过仓单进行融资。

在区块链仓单通模式下，核心企业和德银保理合作，为存货人和经销商提供货权质押融资服务，存货人基于入库货物签发区块链仓单，可在仓单通平台上办理流通转让或质押融资等业务，也可以向仓储企业提取仓储货物。

德银保理在此过程中提供资金监管、仓单质押、打款提货通知、融资等服务。仓单融资帮助存货人盘活货权，解决融资难融资贵问题，为不易变质的原配件提供了高效安全的质押融资、交易流通服务，帮助核心企业形成稳定的销售体系和客群，对零配件的供应链金融具有重要价值。

（三）基于保理资产的 ABS 业务

无论是应收账款保理融资还是仓单保理融资，都会占用德银保理的流动性资金,而这部分保理资产实际上是非常优质的资产,可以通过 ABS 或者再保理,快速回笼资金,提高业务周转率。

另外,这些优质资产被封装成 ABS 后,投资者可以通过区块链系统,追溯到基础资产,降低投资风险。

当前 ABS 业务交易体系由交易结构与各参与方构成。随着 ABS 交易结构设计复杂性不断提升,当前金融服务基础设施已无法满足越来越高的管理水平需求。错综复杂的资产信息与交易链条对业务整体化形成了冲击,将交易各方、各环节隔离,生态呈现破碎形态,瓶颈也随之显现。

第一,入池资产多,穿透性差。出于风险考虑,投资者对证券化产品预期收益、回款周期及安全性的评估过度依赖于信用评级机构的投后基础资产跟踪与监督,无法直接触及入池基础资产。对于投资者来说,目前大多倾向依靠发行主体信用背书和外部评级,底层资产呈现透明度低,难以有效监控资产池情况。

第二,融资流程复杂冗长,效率低下。真实资产状况掌握在发起人手中,当前管理水平的信息整合时效性、条理性不达市场期望,增加多余试探成本。

第三,信息数据缺失,评级定价困难。资产动态入池提高信息披露难度、加重不对称性,在投后管理阶段,后入池的资产质量难以保证与及时跟进,发行方对资产的管理能力存疑。征信制度相对匮乏给金融公司建立客户信用档案造成很大挑战,大量模型试验提高了坏账风险,风险定价准确性低,投资者信心不足。

第四,在物流供应链区块链平台建设完成后,投资者和中间服务机构可以穿透式查看到底层资产的运行状况,并且实时对基础资产监督。而业务流程标准化后,ABS 产品设计机构可以直接在底层资产上,运用智能合约进行 ABS 的产品封装。

具体流程如图 3 所示。

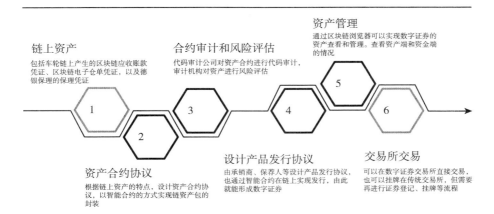

图 3 德银链上资产 ABS 的流程

（1）基于德银的"车轮链"和上面已经形成的资产凭证如应收账款凭证、电子仓单凭证、保理融资凭证等形成 ABS 的底层资产池。

（2）产品设计机构，根据底层资产进行资产包设计，如果在链上，就是进行智能合约的设计。

（3）资产包设计好后，由代码审计和资产审计机构对其资产进行审计和评估。

（4）资产承销机构，设计发行协议，如果在链上进行，就是发行合约。

（5）资产发行后，其交易和资产查询都可以通过区块链浏览器进行，实现资产管理。

（6）ABS 登陆交易所进行交易。

四、总 结

德银保理基于区块链的 ABS 业务，是依托德银股份在商用车全产业的优势，通过引入区块链技术进行全供应链的核心数据、凭证上链，从而创造出可信的数字资产。再将这些优质数字资产封装，形成 ABS 这样的数字证券。这一系统反过来会推动产业链的发展，提升效率，降低成本，获得更多融资途径。形成新产业、新业态、新模式。

随着区块链等新一代信息技术的快速发展，全球新一轮科技革命与产业变革蓬勃兴起，金融供给侧结构性改革不断推进，加快金融科技发展、推进金融业数字化转型已成为行业共识。在未来，可以预见区块链与大数据、云计算、人工智能等技术的深度融合，新一代金融科技将不断优化或创新供应链金融领域中的产品形态、服务渠道、经营模式和业务流程，提升供应链金融服务，降低供应链金融服务成本。

数字证券大事记*

1. 2014 年

2014 年 4 月，美国国税局（IRS）将例如比特币这样的虚拟货币的数字资产纳入所得税征收范围。

https：//www. irs. gov/irb/2014 – 16_IRB.

2. 2015 年

2015 年 9 月，美国商品期货委员会（CFTC）根据《商品交易法（CEA）》认可类似于比特币的虚拟货币作为商品。

https：//www. cftc. gov/sites/default/files/idc/groups/public/@ lrenforce-mentactions/documents/legalpleading/enfcoinfliprorder0917-2015. pdf.

3. 2016 年

2016 年 6 月，日本《支付服务法案》将数字资产作为支付手段合法化，并将比特币和替代币定义为加密货币。

https：//www. loc. gov/item/global-legal-monitor/2016-11-04/japan-bitcoin-to-be-regulated/.

＊ 本部分由周佳嵋、于诗琴执笔。周佳嵋：美国史蒂文斯理工学院项目管理硕士，中金支付有限公司战略部研究负责人；于诗琴：中央财经大学财税学院在读博士。

4. 2017 年

2017 年 7 月，美国 SEC 在《The DAO 调查报告》中宣布，具有证券属性的数字资产在去中心话（DAO）平台上发行或销售需在法律监管下进行。

https：//www. sec. gov/litigation/investreport/34-81207. pdf.

2017 年 11 月，巴西证券监管机构（Comissão de Valores Mobiliários CVM）首次在其官网发布关于代币销售的常见为题解答并通过立法。根据已有法律 N. 6. 385/1976 第 2 条第 9 分款，支持将虚拟代币分类为证券。与美国在 Howey 测试下将虚拟代币归类为证券的决定类似。

http：//conteudo. cvm. gov. br/noticias/arquivos/2017/20171116-1. html.

2017 年 12 月，法国区块链行政命令根据法国《2016 年 12 月 9 日第 2016－1691 号关于经济生活的透明、反腐败及现代化的法律》（又称"萨班 II 法"）创立，并于 2018 年由法国最高行政法院颁布。"萨班 II 法"第 120 条规定，法国政府被授权通过行政命令采取与该法相关的必要措施，以使该法适用于金融权证及有价证券（Valeurs mobilières，法国商法典规定的概念），旨在允许某些既不能在金融权证中央保管处（Dépositaire central）结算，也不能在金融工具结算交付系统（Système de règlement et de livraison d'instruments financiers）交付的金融权证（Titres financiers），能够借助于 DEEP 得以体现和转让。区块链行政命令的通过允许针对未上市金融工具的支付（结算）交付证券，为证券型通证技术铺平了道路。

https：//www. weiyangx. com/342584. html.

5. 2018 年

2018 年 2 月，瑞士金融市场监管局 FINMA 发布《ICO 指南》将"资产代币（Asset Token）"归类为证券。

https：//www. finma. ch/en/news/2018/02/20180216-mm-ico-wegleitung/.

2018 年 2 月，德国联邦金融监管局（BaFin）将证券型通证分类为金融工具，受到证券交易法和信贷法的约束。

https：//www. bafin. de›dl_wa_merkblatt_ICOs_en.

2018 年 7 月，被称为"区块链岛"的马耳他通过了虚拟金融资产法案（Virtual Financial Assets Act "VFAA"）法案，马耳他数字创新管理局法案和创新技术安排与服务法案，并于 2018 年 11 月正式生效，旨在规范其国家加密货币和区块链的使用。

https：//blog. tokenomica. com/how-to-issue-a-security-token-in-malta/.

2018 年 8 月，美国第一个基于酒店地产的数字证券 Aspen Coin 成功上市。

https：//stowise. com/sto/aspen-digital-security-token/.

2018 年 11 月，工商银行以供应链中核心企业对一级供应商的付款确认书为基础，采用区块链技术在联盟机构平台签发应付债务信用凭据，发展数字信用凭据融资业务，产业链上任一供应商可凭债务数字凭据随时向中国工商银行申请保理业务，而在数字信用凭据中涉及资金流转的凭证，从技术角度而言属于证券型 Token。

http：//icbc. com. cn 中国工商银行中国网站－工行风貌频道－工行快讯栏目－工行运用区块链技术创新小微企业供应链融资。

2018 年 11 月，新加坡金融管理局（MAS）发布《数字通证发行指南》（A Guide to digital token offerings）。MAS 将主动监督和检查市场上的证券通证，其必须遵守新加坡证券期货法（SFA）。

https：//www. mas. gov. sg/regulation/explainers/a-guide-to-digital-token-offerings.

2018 年 11 月，Coinbase 支持的数字证券平台 Securitize 完成了 1275 万美元的 A 轮融资，融资参与机构有 Blockchain Capital、Coinbase Ventures 和 Ripple 的 Xpring 基金。

https：//digitalasset. live/2018/11/28/coinbase-ripple-invest-12-75-million-in-securitize/.

2018 年，新加坡交易所和淡马锡控股子公司 Heliconia Capital Management 已 iSTOX（数字证券综合平台）进行投资。

https：//headtopics. com/sg/sgx-and-temasek-unit-invest-in-capital-markets-platform-istox-2414891.

6. 2019 年

2019 年 1 月，英国金融行为监管局（FCA）就如何监管加密资产提出了建议指南，计划监管数字证券和一些稳定币，这使得交易数字证券的公司须向 FCA 申请许可。在该文件中，FCA 将加密货币分了值得借鉴的三种类别：比特币和莱特币等"交易型代币"不是特定的投资，目前在英国不被认定为法定货币，不属于 FCA 的职权范围；"实用型代币"同样不受 FCA 监管；"证券型代币"，又称数字证券，被归类为特定投资，因为其定义符合《2000 年金融服务和市场法》（受监管活动）中的定义，涵盖传统证券的所有规则也适用于他们。

https：//www. fca. org. uk/publication/consultation/cp19-03. pdf.

2019 年 1 月，在韩国首尔举行的 ChainPlus 峰会上，国际数字证券发行合作组织 STOCOOP 在本次峰会专项议程中宣告正式启动成立工作。STOCOOP 是以首个以业务合作为根本基础，围绕于数字证券全产业链而成立的国际性产业组织，目前早期成员由美国、欧洲、加拿大、中国等全球主要金融市场内的 10 余家数字证券产业建设者构成。首批成员主要包括：美国的首家数字证券交易平台 OpenFinance、中国早期的数字证券产业投资机构木屋资本、直布罗陀证券交易所集团 GXSGroup，等等。

https：//medium. com/@ everitoken/sto-cooperative-was-launched-in-seoul-115c05c9084a.

2019 年 2 月，新加坡金融管理局（MAS）根据支付服务法（PSA）颁发数字支付代币服务许可证。

https：//sso. agc. gov. sg/Acts-Supp/2-2019/Published/20190220？DocDate＝20190220.

2019 年 2 月，德国联邦金融监管局（BaFin）批准德国区块链公司 Bitbond 的招股说明书，同意其百分之百控股的子公司 Bitbond Finance 发行德国第一件 STO Bitbond Token（BB1）。Bitbond 公司本身是提供小型企业贷款的全球借贷平台，利用区块链技术协助媒合信用评等高的借款人与投资人。

https：//thetokenizer. io/2019/04/05/the-first-sto-milestone-is-german-bitbond-issues-the-first-bafin-approved-security-token-bond/.

https：//www. bitbondsto. com/files/bitbond-sto-prospectus. pdf.

2019 年 3 月，根据香港《证券及期货条例》（SFO），香港证券及期货事务监察委员会（SFC）明确将证券型通证归类为证券，受到香港证券法约束。

https：//www. sfc. hk/en/News-and-announcements/Policy-statements-and-announcements/Statement-on-Security-Token-Offerings.

2019 年 4 月，英国区块链初创公司 20｜30 通过在伦敦证券交易所集团（LSEG）运营的一个平台 Turquoise 上出售数字证券，筹集了 300 万英镑（合 393 万美元）。在本次发行中，各方表示希望这可以证明"一家英国公司的股权可以在完全符合监管、结算体系的情况下进行通证化并发行"。

https：//www. lseg. com/node/30127.

2019 年 4 月，受英国头部银行 Nat West 支持的区块链房地产平台 Curve Block 计划发行数字证券，据报道，投资者通过持有 Curve Block Tokens（CBUK）来代表他们的持股，并从其投资中获得一部分利润。

https：//dailyhodl. com/2019/04/03/curveblock-becomes-first-security-token-offering-sto-accelerated-by-uk-commercial-bank/.

2019 年 5 月，新加坡证券交易所支持的数字证券综合平台 iSTOX 已经被新加坡金融管理局（MAS）纳入其央行监管沙盒。iSTOX 在其平台基础设施中集成了区块链和智能合约技术，所有发行的数字债券都将使用法定货币买卖。

https：//www. readkong. com/page/singapore-blockchain-ecosystem-2019-1894297.

2019 年 5 月，美国房地产基金 Resolute. Fund 同发行平台 Swarm 推出基于房地产基金的 STO 产品，该数字证券总价值高达 500 万美元，数字证券持有者将获得部分房地产所有权带来的收益。这是一家美国老牌房地产公司，Resolute 希望通过新技术为房地产投资带来新机遇。

https：//resolute. fund/.

https：//www. securities. io/resolute-fund-to-launch-tokenized-real-estate-fund-through-swarm/.

2019 年 5 月，法国正式颁布的《企业增长与转化法案》（PACTE），对基于区块链技术进行的首次代币发行（ICO）设立了立法框架。

https：//www. weiyangx. com/342584. html.

2019 年 5 月，日本众议院修订了包括《支付服务法（PSA）》及《金融工具和交易法（FIEA）》的两项加密货币监管法案。

https：//www. gtlaw. com/en/insights/2019/7/new-regulations-in-japan-on-security-token-offerings.

2019 年 5 月，澳大利亚证券和投资委员会（ASIC）表示将就一系列加密市场监管提案征求市场意见，计划针对这些加密资产的定价、持有、风险管理和信息披露建立行为准则，以保护散户投资者并维护公平的市场行为。此前，澳大利亚仅要求加密货币交易所接受澳大利亚金融情报机构的监管，并履行反洗钱和反恐融资合规和报告义务。

https：//asic. gov. au/regulatory-resources/digital-transformation/crypto-assets/.

https：//piperalderman. com. au/insight/asic-updates-crypto-asset-guidance-its-one-small-step-for-man/.

2019 年 6 月，法国历史上首例由以太坊支持的房地产通证化案例出世。该资产包括了巴黎的一套豪宅 AnnAVilla，所发行的数字证券代表资产部分所有权的股份，价值650 万欧元。

https：//tokenist. com/equisafe-provides-update-on-frances-first-real-estate-backed-sto-has-15-tokenizations-planned/.

2019 年 6 月，英国数字资产众筹平台 Token Market 在英国金融行为监管局（FCA）沙盒之下完成了数字证券的发行，并筹集到 24 万英镑，这相当于其最初目标（15 万英镑）的158%。此次发行是在英国金融行为监管局（FCA）沙盒中进行。

https：//www. prnewswire. com/news-releases/tokenmarket-receives-fca-approval-to-run-security-token-offering-in-regulatory-sandbox-300864415. html.

2019 年 7 月，美国 SEC 先后批准了两项基于 RegA + 条款的数字证券发行，Blockstack 和 PropsProject。其中，Blockstack 为首个宣布批准的 RegA +数字证券发行，以每枚 0. 30 美元的价格向公众出售其 Stack 代币，基于其8. 67 亿美元的 Token 供应预计，其市值或达到 2. 6 亿美元。

https：//www. sohu. com/a/326072999_104036.

2019 年 7 月，德国 P2P 借贷平台 Bitbond 发行首个 STO 产品，以通过这种方式支持其继续向小型企业提供贷款服务。而在 Bitbond 之前，已有130 多家公司向 BaFin 提交了数字证券招股说明书，但没有一家获得批准。在本次发行与销售中，Bitbond 筹集了超过 210 万欧元的资金。

https：//www. bitbondsto. com/.

2019 年 7 月，新加坡证券交易所支持的数字证券平台 iSTOX 被纳入监管沙盒。

https：//addx. co/en/.

2019 年 8 月，马耳他金融服务管理局（MFSA）发表《STO MFSA 资本市场战略》（The Security Token Offering MFSA Capital Markets Strategy）作为咨询文件发布，并在月底之前公开征求公众意见，提议为 STO 制定综合立法框架。该机构将 STO 视为传统证券发行与技术支持证券发行之间的桥梁。该文件旨在确定马耳他经济中各利益攸关方的观点，特别是关于管理区块链金融产品（如数字资产、股票交易系统和国际公司）的立法框架。

https：//www. mfsa. mt/news-item/mfsa-issues-a-consultation-paper-on-security-tokens-offering/.

2019 年 10 月，美国区块链公司 Harbor 宣布获得了美国证券交易委员会 SEC 颁发的传输代理许可证和券商牌照，成为美国首个同时拥有该两个牌照的区块链公司。

https：//tokenist. com/harbor-becomes-first-blockchain-company-with-trans-fer-agent-and-broker-dealer-licenses/.

2019 年 10 月，日本证券型通证发行协会（JSTOA）成立，总部位于东京，旨在通过整合行业内的专业知识，确保遵守法律和保护投资者，支持证券型通证发行融资的发展。

https：//cointelegraph. com/news/japan-security-token-offering-association-the-way-of-self-regulation.

2019 年 10 月，德国联邦金融服务监管局（BAFin）首次通过了第一个公开的 STO 项目，由德国区块链创企 Fundament 获批发行价值 2.5 亿欧元的债券，该债券由基于房地产的数字证券来支持。

https：//www. tpa-group. at/en/news-en/crypto-assets-public-security-token-offering-real-estate/.

2019 年 10 月，立陶宛央行发布《STO 指南》，新准则侧重于证券型通证的分类、评估特定案例并提供与证券型代币问题相关的建议，并阐明适用的法律法规。立陶宛央行成为全球第一个发布 STO（证券型通证发行）

准则的金融监管机构。

https：//www. lb. lt/uploads/documents/docs/23488_be8ce9606ecb203bf8a
9a4bde09ac399. pdf.

2019 年 11 月，日本 Securitize 公司再获金融服务集团 SBI Holdings 的投资。Securitize 创始人 Carlos Domingo 表示该金额高达 7 位数。

2019 年 11 月，中国探针交易所成为立陶宛央行 LBChain 沙箱测试唯一有团队成员来自中国的项目。

https：//www. sohu. com/a/399074991_100217347.

https：//www. lb. lt/uploads/documents/files/Probe-exchange-lbchain-05-26. pdf.

2019 年 11 月，中国房地产资产通证化平台 UPRETS 对位于美国纽约的一处房产进行通证化。该房产系位于美国纽约的布鲁克林心脏地带的 Oosten 公寓。通过 UPRETS 开发的受监管的公链及区块链技术，发行的每个 Token 都将代表 Oosten 房产的部分所有权。

https：//tokenist. com/uprets-to-tokenize-luxury-oosten-property-in-brooklyn/.

2019 年 11 月，Via East West Capital（VEWC）为泰国传奇暹罗（Legend Siam）主题公园项目进行数字证券发行，并向 SEC 提交了 RegD 条款上市申请，这成为世界首个基于旅游主题公园地产的数字证券。

https：//www. vewc. com/projects/legendsiamsto.

2019 年 12 月，香港数字资产交易所 HKBitEX 成立。HKBitEX 是第一批获得香港 SFC 办法的虚拟资产交易平台牌照的数字资产交易所。

https：//www. hkbitex. com. hk/.

7. 2020 年

2020 年 1 月，英联邦（UK）金融监管局（FCA）规定所有从事加密资产公司必须遵守洗钱监管规定（MLRs）。

https：//www. fca. org. uk/firms/financial-crime/cryptoassets-aml-ctf-regime.

2020 年 1 月，普华永道卢森堡宣布与 Tokeny Solutions 的合作伙伴关系，双方将共同推出代币化（Tokenisation）一站式服务解决方案，涉及资产发行、流转交易在内的全生命周期管理。

https：//tokeny. com/pwc-luxembourg-and-tokeny-solutions-join-forces-in-jbr/.

2020 年 1 月，列支敦士登《区块链法案》生效，该法涉及将"现实世界"资产与虚拟资产相联系的问题，并为"数字孪生"提供法律架构。

http：//www. liechtensteinusa. org/article/liechtensteins-parliament-approves-blockchain-act-unanimously.

2020 年 3 月，法国金融市场监管机构 AMF 提出欧洲"数字实验室"监管沙箱，允许本地监管机构放弃与安全解决方案有关的要求，该项目旨在研究 STO 和基于区块链的金融工具的更广泛概念。

https：//www. amf-france. org/en/news-publications/news/legal-analysis-application-financial-regulations-security-tokens-and-precisions-bulletin-board.

2020 年 4 月，日本最大金融集团 SBI 控股公司宣布拓展证券代币发行（STO）业务，并发行第一支 STO。

https：//www. financemagnates. com/cryptocurrency/news/japans-sbi-hold-ings-kicks-off-first-security-token-offering/.

2020 年 5 月，日本新修订的《支付服务法（PSA)》及《金融工具和交易法（FIEA)》修订案正式发布，正式宣布证券型代币发行（STO）和首次代币发行（ICO）受该法监管。

https：//cointelegraph. com/news/japan-security-token-offering-association-the-way-of-self-regulation.

2020 年 5 月，新加坡金融监管局（MAS）发布更新版《数字代币发行指引》（以下简称《指引》）。该版《指引》以 2017 年版《数字代币发行指引》为基础进行修订，是新加坡金融法律在数字代币行业实际应用的官方解释性文件。

https：//www. mas. gov. sg/regulation/explainers/a-guide-to-digital-token-offerings.

2020 年 6 月，上海地方金融监督管理局上海金融工作局发布了《关于征集上海市金融科技创新监管试点创新应用项目的公告》，其附件《金融科技创新应用声明书》中示例关键技术为大数据、分布式账本、区块链等技术。

http：//jrj. sh. gov. cn/zwdt-gg/20200617/051a54fc99bb4f41bc-8ca4b543 be4be0. html.

2020 年 6 月，纽交所上市地产公司鑫苑集团旗下地产数字证券发行平台公司 UPRETS 完成美国纽约东河湾 Oosten 地产项目数字化发行，并于塞舌尔证券交易所 MERJ 交易，这是全球首例成功在二级市场上交易的房地产权益类数字证券。值得一提的是，"UPRETS" 是区块链平台技术服务的品牌名称，由中国房地产开发商鑫苑置业有限公司旗下实体开发和提供。

https：//blocklikecom. medium. com/uprets-beginning-token-plat-form-with-units-at-the-oosten-property-in-williamsburg-brooklyn-e61ffa-89be34.

2020 年 9 月，新加坡证券交易所（SGX）与新加坡汇丰银行（HSBC）合作完成其首次 3 亿美元数字债券发行。

https：//www. coindesk. com/business/2020/09/01/hsbc-and-singapore-exchange-execute-successful-300m-digital-bond-issuance/.

2020 年 10 月，加密货币衍生品交易所 FTX 推出瞄定热门股票如 Tesla、Apple、Amazon、Facebook 等的股权通证，并提供 7×24 小时无间断不闭市交易。相比一般金融产品，数字化、证券化后的金融产品从资产结构上提升了可分割性，有利于释放潜在流动性。

https：//blockworks. co/facebook-google-paypal-and-tesla-tokenized-stockscoming-to-ftx/.

2020 年 11 月，中国建设银行纳闽分行与 FUSANG 交易所合作发行 30 亿美元规模 ERC 代币标准债券，该项合作后虽被叫停，但传统金融机构试水之举，仍释放了其对数字证券市场较高关注度的趋势性信号。

https：//news. stcn. com/sd/202011/t20201127_2571352. html.

2020 年 11 月，中国香港证监会发表针对《反洗钱和反恐融资条例》（第 615 章）的拟议修正公众咨询文件。根据现行监管框架，与加密货币相关交易平台、基金和资金管理平台相关牌照主要包括第 1 类、第 4 类、第 7 类和第 9 类监管牌照。投资虚拟资产的基金和销售平台需要持有第 1 类牌照；资产管理平台需要持有第 9 类牌照。提供托管业务亦为香港证监会发放数字证券交易所牌照的条件之一。

https：//www. uprets. io/static/doc/Digital _ Securities _ Industry _ Development_Report_2020_cn. pdf.

2020 年 11 月，iSTOX 与重庆金融管理局签署了谅解备忘录，在该文件中，双方表示同意在重庆建立数字证券交易所以服务中国市场。重庆金融管理局还表示，在需要获得中国金融监管相关机构批准的事务上，将积极协调和争取政策上的支持并落地。2020 年，北京、上海、成都、广州、深圳、重庆、雄安、杭州、苏州 9 个城市借鉴国际经验，相继部署了金融科技创新监管试点（监管沙盒）。

https：//www. sohu. com/a/433754738_603201.

2020 年 12 月，美国基于本体的跨链 DeFi 平台 Wing 上线全球首个信用 DeFi "借、贷、保" 产品——Inclusive Pool，依托自主管理评分体系 OScore，用户可实现不足额抵押，同时 Wing 也在向传统领域的数字化资产进行拓展，探索数字化合成资产、传统股权资产作为抵押物的可能性。

https：//inclusive. wing. finance/.

https：//wing. finance/Wing_whitepaper. pdf.

2020 年 12 月，英国国家标准机构 BSI 发布证券型代币规范《PSA19668》，这是该领域第一个跨链标准之一。同月，德国默克尔内阁通过一项新法律，该法律将取消出售证券必须持有纸质证书的要求，公开寻求在国内推进区块链交易，作为欧洲最大经济体的德国走在证券代币应用前列。

https：//www. bsigroup. com/en-GB/about-bsi/media-centre/press-releases/2020/december/first-standard-on-the-presentation-of-security-token-information-and-properties/.

2020 年 12 月，美国 SEC 批准纽交所的 Direct Listing Process（DLP/DPO）提案，允许发行人直接上市向公众出售新股来筹集资金。

https：//www. securitieslawyer101. com/2019/non-traditional-ipo-direct-listing-process-dlp/.

2020 年 12 月，中国香港 OSL Digital Securities 成为第一个获颁香港证监会第 1 类（证券交易）和第 7 类（提供自动化交易服务）牌照的数字证券交易所。

https：//www. globalbusinessoutlook. com/osl-digital-securities-granted-licence-crypto-platform/.

8. 2021 年

2021 年 3 月，日本三井住友信托银行与证券化代币平台 Securitize 合作推出了首个资产支持证券型代币，这也是第一个符合《金融工具和交易法》的证券型代币。日本也非常重视行业协会在加密市场发挥的作用，《金融工具和交易法》将日本虚拟货币交易所商业协会以及日本 STO 协会分别认证为证加密货币交易与 ST 领域的自主监管组织，以进行与该法律相关的具体操作，并为行业制定具体规则和指南。

https：//securitize. io/press-releases/sumitomo-mitsui-trust-bank-launchedjapans-first-fiea-compliant-asset-backed-security-token-on-the-securitize-platform.

2021 年 5 月，新加坡星展银行（DBS Bank）通过旗下数字交易所 DBS Digital Exchange（DDEx）的私募进行，启动了其首次证券型代币发行（STO）。

https：//cointelegraphcn. com/news/singapore-s-dbs-bank-launches-digital-bond-security-token.

https：//www. coindesk. com/business/2021/05/31/singapore-listed-block-chain-firm-buys-crypto-staking-platform-moonstake/.

2021 年 5 月，泰国首个提供数字代币服务的公司 SPV77 通过泰国 SEC 批复后成立。

https：//www. dfdl. com/resources/legal-and-tax-updates/thailands-first-initial-coin-offering-using-real-estate-backed-security-tokens-approved-by-the-thai-securities-and-exchange-commission-expected-to-raise-thb-2-4-billion/.

2021 年 6 月，泰国 SEC 批准了禁止数字资产交易所提供与实用代币和某些类型的加密货币相关的服务的新规则。这些规则还规定，如果交易所本身或相关人士发行的数字代币被列在交易所上，交易所必须设置强制要求。未能实质上遵守白皮书和相关规则的令牌发行人可能会面临令牌从交易所摘牌的风险。这一新的监管指南旨在加强对数字资产交易员利益的保护。

https：//www. sec. or. th/EN/Pages/News_Detail. aspx?SECID = 8994.

2021 年 11 月，香港虚拟保险公司 OneDegree 与香港交易所 HKbitEX 合作，提供加密货币、NFT 保险。

https：//genesisblockhk. com/zh/first-in-asia-hong-kong-onedegree-partners-hkbitex-crypto-nft-insurance/.